Pierre Desproges

La pensée du jour

Éditions du Seuil

25, bd Romain-Rolland, Paris XIVe

Ce livre est né de la complicité
de Claudine Derycke et Perrine Desproges

ISBN 978-2-02-128257-3
© Éditions du Seuil, novembre 2015

Le Code de la propriété intellectuelle interdit les copies ou reproductions destinées à une utilisation collective. Toute représentation ou reproduction intégrale ou partielle faite par quelque procédé que ce soit, sans le consentement de l'auteur ou de ses ayants cause, est illicite et constitue une contrefaçon sanctionnée par les articles L.335-2 et suivants du Code de la propriété intellectuelle.

JANVIER

Sur cent personnes à qui l'on souhaite « Bonne année, bonne santé » le 1er janvier, deux meurent dans d'atroces souffrances avant le pont de la Pentecôte.

01
JANVIER

JOURNÉE MONDIALE DE LA PAIX

Chaque région de notre pays a ses rites et coutumes qui ne sont pas les mêmes que ceux de la région d'à côté. Ainsi, pour bien nous haïr entre Français, nous devons tenter d'oublier ce qui nous unit, et mettre l'accent sur ce qui nous sépare.

1939
HITLER EST NOMMÉ « HOMME DE L'ANNÉE » PAR LE *TIME MAGAZINE*

Dans le peloton cliquetant des ordures galonnées qui ont fait trembler le monde sous la terreur infernale de leur tyrannie hystérique, Adolf Hitler arrive largement en tête.

JANVIER

03
JANVIER

BONNE ANNÉE

Dieu merci, cet hiver, afin de m'épargner au maximum les assauts grotesques de ces enthousiasmes hypocrites, j'ai modifié légèrement le message de mon répondeur téléphonique. Au lieu de « Bonjour à tous », j'ai mis « Bonne année mon cul ». C'est net, c'est sobre, et ça vole suffisamment bas pour que les grossiers trouvent ça vulgaire.

Journée mondiale du braille

Les aveugles lisent
en braillant, au risque de
réveiller les sourds.

04
JANVIER

05
JANVIER

1895

DÉGRADATION DU CAPITAINE DREYFUS

Il est grand temps de faire l'éloge
de l'erreur judiciaire. Si l'erreur
judiciaire n'avait pas existé,
est-ce qu'aujourd'hui le capitaine
Dreyfus serait aussi célèbre
en France ?

ÉPIPHANIE

Moi, le jour des rois,
je tire la reine.

07
JANVIER

2015

ATTENTAT CONTRE *CHARLIE HEBDO*

Malgré un égocentrisme foncier
qui confine à l'hystérie, je ne peux
m'empêcher de me sentir solidaire
de tout journaliste attaqué.
Quand la Presse est muselée,
c'est toujours un peu Hitler
qui revient.

1996
MORT DE MITTERRAND

Si Mitterrand était allé sur la tombe de Jean Moulin avec un paquet de farine à la main, ça aurait fait rire. Il aurait été ridicule. Tandis qu'avec une rose, on n'a jamais l'air con.

08
JANVIER

09
JANVIER

JOURNÉE MONDIALE DE LA CORSE

Vous vénérez Napoléon parce que vous êtes corse, ce qui constitue, à mon sens, la raison la plus totalement incongrue d'aimer Napoléon ! C'est pas parce qu'elle est née à Boston que ma sœur vénère l'Étrangleur.

ÉTYMOLOGIE

L'expression « Bonne année » vient en réalité du latin « *Bonanus* » couramment utilisée dans la Rome antique pour saluer les éphèbes.

10
JANVIER

11
JANVIER

2015
MARCHE « JE SUIS CHARLIE »

Plusieurs personnes qui font les mêmes choses ensemble...
J'ai l'impression que quand le nombre d'individus se multiplie, leurs intelligences se divisent proportionnellement. C'est pour ça que je ne participe jamais à une manif. Même si on manifestait pour la survie de mes enfants, je n'irais pas.

Kiss a Ginger Day

Il serait presque impossible de reconnaître un rouquin d'un homme normal, n'étaient-ce les taches de rousseur que Dieu inventa au soir du Premier Jour, alors qu'il secouait ses pinceaux sans malice après avoir créé le premier crépuscule flamboyant à l'ouest d'Éden.

12
JANVIER

13
JANVIER

Soldes d'hiver

Est-il Dieu possible,
en pleine mouvance des droits
de la femme, que des bougresses
se plient encore aux ordres fascisants
d'une espèce d'Ubu prostatique de la
mode, qui, au lieu de crever de honte
dans son anachronisme, continue de
leur imposer le carcan chiffonneux
de ses fantasmes les plus étriqués,
et cela, jusqu'au fin fond populaire
de nos plus mornes Prisunic ?

1986

MORT DU CHANTEUR BALAVOINE

« Le bac, ça permet de voir du pays », disait Balavoine. Vous avez vu où ça l'a mené...

14 JANVIER

15
JANVIER

1929
NAISSANCE DU PASTEUR
MARTIN LUTHER KING

J'ai rêvé d'un exquis paradis, nimbé d'un ciel fragile aux improbables pluies où s'ébattaient les anges adorables et menus. Des hommes, des femmes, des enfants au rire de cascade fraîche lançaient vers la nue le chant béni de l'amour universel, tandis que Dieu, immensément radieux-z-et-beau, régnait au milieu d'eux, les Blancs d'un côté, les Nègres de l'autre : le Paradis.

1920
LA PROHIBITION ENTRE EN VIGUEUR AUX ÉTATS-UNIS

Cette saveur singulière de l'eau, faite d'indigence
aromatique et de fadeur outrancière, est due,
selon toute vraisemblance, à un composant toxique,
qu'en l'état actuel de leurs connaissances les fouineurs
de l'Institut Pasteur n'ont pas su encore isoler,
mais dont les effets extrêmement toxiques,
sur le comportement psychosocial de l'homme en général,
et de la tamponneuse des fiches d'état civil de la mairie
de Vierzon en particulier, restent fort alarmants.

16
JANVIER

17
JANVIER

1975
LOI VEIL SUR L'AVORTEMENT

Grâce à l'intervention volontaire de grossesse, la femme moderne peut désormais sortir la tête haute et le ventre plat. Mais un nouveau pas vers l'humanisation de la médecine peut encore être franchi : je veux parler non plus de l'IVG, mais de l'IVV, l'« interruption volontaire de vieillesse ».

HYPOCRISIE

Pourquoi cette hypocrisie dans le vocabulaire ?
Parce que nous nous sentons confusément coupables
de laisser nos semblables diminués croupir dans leur
solitude. On ne dit plus un vieux, un infirme, un sourd,
un aveugle, un crétin, un impuissant.
On dit une personne du troisième âge, un handicapé,
un non-entendant, un non-voyant, un non-comprenant,
un non-baisant. De même qu'on ne dit plus un avortement
mais une interruption volontaire de grossesse,
ceci afin de ménager l'amour-propre du fœtus.

18
JANVIER

19
JANVIER

NOSTALGIE

Passe le temps et passent les semaines.
Les hippopotames ont le spleen.
Les jours sont opaques. Les nuits sont
de cristal, mais l'hiver nous les brise.

Inauguration Day : investiture des présidents des États-Unis

JANVIER

Ne l'oublions jamais : le président de la République est le gardien de la Constitution, et pendant qu'y fait ça, il est pas au bistrot.

21

JANVIER

JOURNÉE INTERNATIONALE DES CÂLINS

Instant fragile et sublime où les amants front contre front, bouche contre bouche, les yeux dans les yeux, les mains dans les mains, la zigounette dans le pilou-pilou, ne pensent plus qu'à ce bonheur ardent qui les transporte jusques aux cieux inconnus de la félicité, alors que leurs regards s'embuent de larmes et que leurs corps frémissent de là à là.

1963
**DE GAULLE ET ADENAUER SIGNENT
LE TRAITÉ DE L'ÉLYSÉE**

Il arrive que certaines relations soient susceptibles de se muer en amitiés, mais le temps n'a pas tout le temps le temps de prendre à temps le temps de nous laisser le temps de passer le temps.

22
JANVIER

23
JANVIER

1907

**UN INDIEN OCCUPE POUR LA PREMIÈRE FOIS
UN SIÈGE DE SÉNATEUR À WASHINGTON**

Sous prétexte que :
1. c'est toujours les mêmes
qui tombent de cheval,

2. l'égalité raciale ne doit pas
rester un vain mot,

les figurants indiens d'un western en
cours de tournage au Texas réclament
solennellement qu'on les paie autant
que les figurants cow-boys.

1965
MORT DE WINSTON CHURCHILL

Exemples de flegme britannique :

1. Quand une bombe de cent mille mégatonnes tombe dans sa tasse de thé, l'Anglais reste plongé dans son journal et dit : « Hum, ça se couvre. »

2. Quand il se met à bander, l'Anglais reste dans sa femme et dit : « Hum, ça se lève. »

24
JANVIER

25
JANVIER

SAGESSE

Le 25 janvier 1902, Gaston Calmette prend la direction du *Figaro*. Douze ans plus tard, le 16 mars 1914, il y mourra assassiné dans son bureau par Mme Caillaux. Cette douloureuse anecdote nous rappelle que nous devons éviter de devenir directeur du *Figaro*.

JOURNÉE MONDIALE DE LA DOUANE

La seule bête féroce qui existe au monde s'appelle Marcel. Au lieu de se contenter de pisser autour de son territoire pour en signaler les frontières, elle préfère défendre les siennes avec des rapières et des armes à feu.

26
JANVIER

27
JANVIER

2012
MORT D'HÉLÈNE DESPROGES

À trop manger sa mère,
on devient orphelin.

JOURNÉE MONDIALE DE LA PROTECTION DES DONNÉES À CARACTÈRE PERSONNEL

Le chanteur de charme coxalgico-godardien J. Hallyday vient de réitérer ses menaces de traîner en justice quiconque ferait allusion de près ou de loin à sa vie privée.
Il a d'ailleurs toujours été fidèle à ce principe, ne montrant à tous les passants que sa tête, celle de ses femmes et de ses enfants.

28
JANVIER

29
JANVIER

2014
MORT DE CAVANNA

Même pour rire, je suis incapable d'enfoncer Cavanna qui reste aujourd'hui l'inventeur de la seule nouvelle forme de presse en France depuis la fin de l'amitié franco-allemande en 1945, et l'un des derniers honnêtes hommes de ce siècle pourri.

1933
HITLER DEVIENT CHANCELIER

La sagesse populaire, on connaît. C'est elle qui a élu Hitler en 33.

30
JANVIER

31
JANVIER

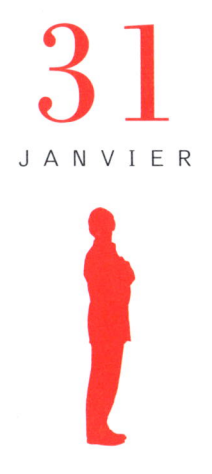

1797
MORT DE FRANZ SCHUBERT

Franz Schubert est le sinistre apologue autrichien de la pisciculture en eau douce dont les grotesques quatuors glougloutants ont nimbé mon enfance d'une odeur de marée d'autant plus insupportable que mon professeur de piano, une gargouille socialiste hystérique, vénérait la morue fumée, dont les effluves s'accrochaient à son chignon.

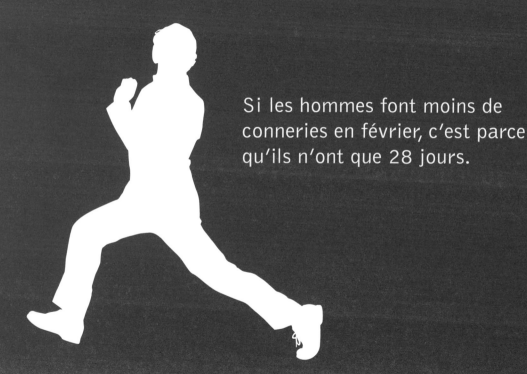

01
FÉVRIER

1966
MORT DE BUSTER KEATON

J'en vois d'ici qui sourient...
C'est qu'ils ne savent pas
reconnaître l'authentique
désespérance qui se cache
sous les pirouettes verbales.

1754
NAISSANCE DE TALLEYRAND

Talleyrand, qui savait nager sur le dos et ramper sur le ventre comme personne, qui trahissait à Versailles comme on pète à Passy, c'est-à-dire sans bruit, a vécu tellement courbé qu'on a pu l'enterrer dans un carton à chapeau.

02
FÉVRIER

03
FÉVRIER

1948
NAISSANCE DE GILBERT COLLARD

Des milliers de chômeurs et de
fainéants de ce pays rêvent d'être
avocats pour pouvoir être payés
à rien foutre en disant des conneries,
en attendant de devenir un jour
garde des Sceaux.

JOURNÉE MONDIALE CONTRE LE CANCER

S'il n'y avait pas la Science, malheureux cloportes suintants d'ingratitude aveugle et d'ignorance crasse, s'il n'y avait pas la Science, combien d'entre nous pourraient profiter de leur cancer pendant plus de cinq ans ?

04
FÉVRIER

JOURNÉE MONDIALE DU NUTELLA

05
FÉVRIER

Rude journée. Les minuscules sont lâchés. Ils font rien qu'à embêter les parents qui essaient de faire des chroniques dans le poste. Ils font rien qu'à leur poser des questions idiotes. Tout à l'heure, il y en a une avec du chocolat poisseux plein la figure qui est venue le partager avec mes cheveux sous prétexte de câlin... On ne devrait pas procréer ainsi à l'aveuglette. On devrait élever des poissons rouges.

Journée internationale contre les mutilations génitales

Bien plus que le costume trois-pièces ou la pince à vélo, c'est la pratique de la torture qui permet de distinguer à coup sûr l'homme de la bête.

06 FÉVRIER

07
FÉVRIER

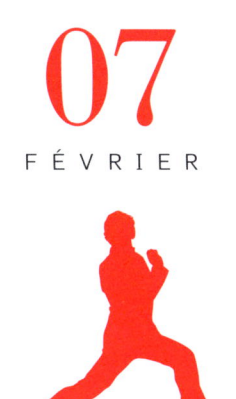

1983

ANNONCE DE L'EXTRADITION DE KLAUS BARBIE DE BOLIVIE

Depuis quelque temps, on voit beaucoup Klaus Barbie à la une des journaux, à la télé ou à la radio. Mais Barbie a une excuse. Une seule : il ne fait pas exprès de se montrer. À la limite, je me demande même s'il en a vraiment envie.

2008
LE NEBRASKA ABOLIT L'USAGE DE LA CHAISE ÉLECTRIQUE

On ne doit pas mettre ses coudes sur la chaise électrique.

FÉVRIER

09
FÉVRIER

1950
DISCOURS DE JOSEPH MCCARTHY
INAUGURANT « LA CHASSE AUX SORCIÈRES »

Il est important de savoir
reconnaître un communiste,
afin de pouvoir le dénoncer
aux autorités d'occupation...
aux autorités, pardon !

1939
MORT DE PIE XI

Pie XI meurt le 10 février 1939 alors qu'il s'apprêtait à condamner le fascisme. Pie XII en fait autant vingt ans plus tard.

10 FÉVRIER

11
FÉVRIER

JOURNÉE MONDIALE DES MALADES

Il y a la misère éclatante qu'on nous trompette avec fracas,
qui s'étale à nos unes et s'agrippe à nos remords,
qu'on nous sert dans la soupe et qui nous éclabousse.
C'est la faim fiévreuse des agonisants sur le sable,
et les maladies rongeuses, la lèpre avec moignon sur rue,
et le crabe invaincu, le crabe aux pinces noires à nous
manger le ventre, et les génocides, un peu trop loin
pour qu'ici l'on soupire, mais les génocides bien sûr,
et la pauvreté des villes aux usines fermées,
et les enfants d'Orient, moins hauts que leurs fusils,
qu'on fait trotter au front.

JOURNÉE INTERNATIONALE DES ENFANTS SOLDATS

On ne doit pas mettre ses doigts dans son nez quand on monte à l'assaut.

12
FÉVRIER

13

FÉVRIER

JOURNÉE MONDIALE DE LA RADIO

La première fois que j'ai entendu Jean Yanne à la radio,
je suis sorti de ma torpeur et me suis enfermé, seul,
avec mon poste de radio. J'écoutais, subjugué, la rude voix
faubourienne chargée d'iconoclastie salace et d'irrespect
fondamental de cet être affreux anarcho-nihiliste,
qui singeait Bossuet, raillait les goitreux, et fustigeait
dans le même panier de hargne des institutions françaises
aussi sacrées que l'Évêché de Meaux, l'Académie française
ou la CGT. Enfin je renaissais à la vie ! Pour moi, l'arrivée
sur les ondes de ce messie diabolique annonçait les temps
nouveaux d'une radio vraiment dégueulasse ! Enfin, c'était
le monde à l'envers ! Enfin, on allait pouvoir prier
dans les urinoirs et pisser dans les bénitiers !

Saint-Valentin

L'amour... il y a ceux qui en parlent et il y a ceux qui le font. À partir de quoi il m'apparaît urgent de me taire. Ou bien, alors, parlons de l'amour, mais sur un ton plus noble. Débarrassons-nous pour un temps de l'étouffante enveloppe charnelle où s'ébroue sans répit la bête ignominieuse aux pulsions innommables, dont l'impérieux désir, jamais assouvi, attise de son souffle obscène la flamme sacrée de l'idylle tendre dont il ne reste rien que ce tison brandi qui s'enfonce en enfer avant que ne s'y noie son éphémère extase qui nous laisse avachi sur ces lits de misère où les cœurs ne jouent plus qu'à se battre sans vibrer pour pomper mécaniquement l'air vicié des hôtels insalubres où la viande a vaincu l'amour.

14
FÉVRIER

15
FÉVRIER

1564
NAISSANCE DE GALILÉE

Gloire à Galilée, qu'on torture
pendant que Coper nique !

1785
LAVOISIER DÉCOMPOSE L'EAU EN OXYGÈNE ET EN HYDROGÈNE

Une analyse approfondie d'un verre d'eau m'a permis de constater, avec effarement, que ce liquide est exclusivement composé d'oxygène et d'hydrogène, deux produits chimiques extrêmement dangereux, car l'hydrogène brûle, et l'oxygène gêne.

16
FÉVRIER

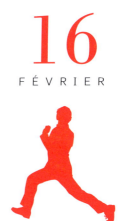

17
FÉVRIER

1673
MORT DE MOLIÈRE

S'il vous plaît, messieurs les rempailleurs
de vieux mythes, voyez les choses en face. Vous n'existez
pas. Vous êtes figés. Vous êtes gelés. Surgelés.
Alors, je vous le demande, allons-nous encore vous
laisser nous servir du réchauffé ? Ras-le-bol des ravaleurs
besogneux du talent des autres. Il y en a marre des
discours culs-pincés des soi-disant détenteurs de la culture
qui se vautrent sans vergogne sur les cadavres de Molière,
de Marivaux, d'Hugo, de Zola ou de Maupassant dont
ils sucent le sang séché jusqu'à nous faire vomir, après
quoi, pédants et pontifiants comme de vieux marquis trop
poudrés, ils courent pérorer dans les gazettes, expliquant
leur vampirisme en s'offusquant hypocritement de ce qu'ils
appellent « le désert culturel de cette génération ».

SAINTE-BERNADETTE

De nombreuses personnes s'imaginent que, pour voir apparaître la Sainte Vierge, il suffit de ramasser du bois mort dans les Pyrénées-Orientales en enjambant des ruisseaux. C'est faux.

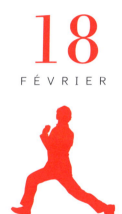

18 FÉVRIER

1985
BERNARD TAPIE DEVIENT PRÉSIDENT DE L'OLYMPIQUE DE MARSEILLE

19
FÉVRIER

Le football. Quel sport est plus laid,
plus balourd et moins gracieux
que le football ? Quelle harmonie,
quelle élégance l'esthète de base
pourrait-il bien découvrir dans les
trottinements patauds de vingt-deux
handicapés velus qui poussent
des balles comme on pousse un étron,
en ahanant des râles vulgaires
de bœufs éteints.

**JOURNÉE MONDIALE
DE LA JUSTICE SOCIALE**

Il n'y a pas de justice sociale. La solution ? Elle est simple : il suffit de prendre aux riches pour donner aux pauvres. Et vice versa. En temps de paix, par exemple, les riches auront le droit de prendre la sueur au front des pauvres. Et en temps de guerre, les pauvres auront le droit de prendre la place des riches. Au front également.

20
FÉVRIER

21
FÉVRIER

**JOURNÉE INTERNATIONALE
DE LA LANGUE MATERNELLE**

Quand je dis rédhibitoire,
je baise mes mots.

JOURNÉE MONDIALE DU SCOUTISME

Le scoutisme, aujourd'hui encore, permet aux enfants d'entrer dans l'armée dès la fin de la maternelle, de s'habiller en kaki, de saluer le drapeau et de chanter des conneries en marchant au pas, sans avoir à attendre l'âge canonique de dix-neuf ans et demi où on n'a plus grand-chose à espérer de la vie depuis que les guerres coloniales sont tombées en désuétude.

22
FÉVRIER

23
FÉVRIER

SAINT-LAZARE

Lazariste, n. m. Nom donné aux membres de la Société des prêtres de la Mission, fondée en 1625 par saint Vincent de Paul, et appelés ainsi parce qu'ils adoraient la gare Saint-Lazare, alors qu'il n'y a pas de quoi.

Le seul intérêt de la gare Saint-Lazare réside dans sa capacité à contenir des trains. L'un d'entre eux, baptisé « Train pour Lisieux » sous prétexte qu'il va à Lisieux, présente la particularité – comme son nom l'indique – d'aller à Lisieux.

Comme les francs-maçons ou les Haré-Krishna, les lazaristes se réunissent en douce la nuit dans des caves où ils se déguisent en n'importe quoi avant de psalmodier de dérisoires incantations à Jean-Baptiste Locomotive, l'inventeur du chemin de fer, qui sera probablement canonisé avant que ça me reprenne.

1906
HENRI BECQUEREL
DÉCOUVRE QUE LA RADIOACTIVITÉ
A DES CONSÉQUENCES

Une civilisation sans la science, c'est aussi absurde qu'un poisson sans bicyclette.

24
FÉVRIER

25
FÉVRIER

1922
Mort de Landru

– Pourquoi la mort s'acharne-t-elle sur nos femmes
au lieu de m'emporter dans ses bras décharnés
vers l'oubli définitif de toute absurdité...
– Parce qu'elle ne peut pas. À cause de la faux.
– Quoi, la faux ?
– Elle peut pas te prendre dans ses bras décharnés.
Il y a déjà la faux.

1916
LES ALLEMANDS OCCUPENT LE FORT DE DOUAUMONT

L'ossuaire de Douaumont est très joli. Il contient les restes de 300 000 jeunes gens. Si l'on mettait bout à bout tous les humérus et tous les fémurs de ces garçons et leurs 300 000 crânes par-dessus, on obtiendrait une ravissante barrière blanche de 2 476 kilomètres pour embellir le côté gauche de la route Moscou-Paris.

26
FÉVRIER

27
FÉVRIER

CONCUPISCENCE

Elle se fit un grog explosif et saturé d'extravagances, avec de l'armagnac et du Cointreau, de la liqueur de mandarine et du sirop de bambou, et se coula dans un bain chaud. La tiédeur de l'eau, l'euphorie de l'alcool, la caresse distraite de sa main à son ventre lui mirent un peu le feu aux joues en même temps qu'une envie formidable de faire l'amour l'envahissait. Elle n'était plus soudain que la conscience exquise de son propre désir et la concupiscence exclusive de son embrasement.

1869
MORT DE LAMARTINE

Aussi profonde et grave soit
la douleur du poète, il faut savoir
que quand on met un pétard allumé
dans la culotte de Lamartine,
il a l'air moins romantique.

Toto Ruggieri, introd. aux *Méditations poétiques*

28
FÉVRIER

29
FÉVRIER

**JOURNÉE EUROPÉENNE
DES MALADIES RARES**

La peste hilarante se caractérise
par l'apparition soudaine de bubons
chatouilleurs sous les aisselles.
Après une courte période d'abattement,
la température du malade monte en
flèche et il meurt alors en quelques
minutes secoué de hoquets d'hilarité
hystérique face à sa famille en larmes.

MARS

Quand vient la saison des amours, l'homme frotte la rugosité brutale de son teint buriné contre l'incomparable fraîcheur du teint scandinave de la femme, et leurs corps se mêlent dans un élan d'amour puissant et magnifique, mais il ne faut pas non plus exagérer vu que finalement c'est pareil pour les cochons, les vaches et même les phacochères.

01
MARS

JOURNÉE MONDIALE DU COMPLIMENT

À qui ferez-vous croire, Monsieur de La Fontaine, qu'un renard, charognard, bâfreur et plumivore, puisse tenter de séduire un corbeau pour s'emparer d'un camembert dont la moelleuse onctuosité normande ne saurait flatter le palais vulgaire de ce chien sans maître ?

1876
Naissance de Pie XII

« Faute avouée est à moitié pardonnée », disait Pie XII à Himmler.

03
MARS

JOURNÉE MONDIALE DE LA VIE SAUVAGE

Seul sur son île depuis plus
de vingt ans, Robinson s'ennuie.
Sa détresse morale, sentimentale
et sexuelle est immense.
Pourtant, au début, il s'est
farouchement accroché aux choses
de l'Esprit, « l'Esprit » étant le nom
de son cochon sauvage.

JOURNÉE MONDIALE DE LUTTE CONTRE L'EXPLOITATION SEXUELLE

Peu m'importe de passer pour un petit branleur. L'important, dans la vie, c'est d'arriver à la force du poignet.

04
MARS

05
MARS

1827
MORT DU PHYSICIEN ALESSANDRO VOLTA,
INVENTEUR DE LA PILE ÉLECTRIQUE

Sans pile, on perd la face.

1980

**MARGUERITE YOURCENAR
EST LA PREMIÈRE FEMME ÉLUE
À L'ACADÉMIE FRANÇAISE**

Quand j'évoque Bernadette Lafont, je n'arrive pas à penser à la forme de son cerveau. J'essaye, je tente éperdument d'élever mon esprit vers de plus nobles valeurs, j'essaye de calmer mes ardeurs sexuelles en imaginant Marguerite Yourcenar en porte-jarretelles ou Marguerite Duras en tutu, mais non, rien n'y fait.

06

MARS

07
MARS

1875
NAISSANCE DU COMPOSITEUR MAURICE RAVEL

Après avoir enfermé une vache et un taureau dans une étable où était diffusé le *Boléro* de Ravel, le fermier texan Gary Right a pu observer que :

Tagadada
Tagadada
Tagada, gadada, gadada.

JOURNÉE DE LA FEMME

Dépourvue d'âme, la femme est dans l'incapacité de s'élever vers Dieu. En revanche, elle est en général pourvue d'un escabeau qui lui permet de s'élever vers le plafond pour faire les carreaux.

08
MARS

09
MARS

1796
MARIAGE DE JOSÉPHINE ET DE NAPOLÉON

Entre Napoléon et Bonaparte, peut-on parler d'amour ?
La réponse est catégorique : non. Il n'y a pas eu
à proprement parler d'amour entre Napoléon et Bonaparte.
À cause, notamment, de la différence d'âge.
Certes, Victor Hugo a écrit :

« Ce siècle avait deux ans.
Déjà Napoléon perçait sous Bonaparte. »

Mais c'est une image. Et quand bien même ce ne serait pas
une image, si l'on devait être amoureux chaque fois que
l'on perce sous quelqu'un, on n'en sortirait pas.
(C'est encore une image.)

SNOBISME

Comme la plupart des maladies mentales en vente dans les catalogues des psycho-psychiatres, le snobisme se caractérise essentiellement par la dégénérescence dramatique de la personnalité et perte progressive du libre arbitre. Privé du moindre sens critique, le snob en est réduit à se ventouser l'ego et à se cloquer le sens artistique sur ceux d'une poignée de personnages quelconques, morts ou vifs, dont d'autres snobs leur font croire qu'ils sont à la mode.

10
MARS

1978

MORT DE CLAUDE FRANÇOIS
JOURNÉE MONDIALE DE LA PLOMBERIE

11

MARS

Debout tout nu dans sa baignoire pleine, ce 11 mars 1978, le chanteur Claude François bricolait des fils électriques en chantant *Si j'avais un marteau*, quand une fan malentendante lui a refilé un tournevis en acier, lui aussi trempé. Il faudra attendre l'apogée de Julien Clerc pour que le rock français renoue pleinement avec sa période chèvre.

**JOURNÉE MONDIALE
CONTRE LA CENSURE SUR INTERNET**

La rigueur morale
et la hauteur de pensée
se chevauchent
comme des bêtes.

12
MARS

1634
PREMIÈRE SÉANCE
DE L'ACADÉMIE FRANÇAISE

13

MARS

Je ne sais pas qui est le con antique qui a inventé le mot
« billevesée » mais je crois vraiment que c'est le mot
le plus laid de la langue française. « Billevesée ».
Quand on le prononce, on a l'impression de vomir un
yaourt Yopla avec des vrais morceaux de nouilles entières
dedans. « Billevesée ». Mais qu'attendent les quarante
badernes semi-grabataires du Quai Conti pour ôter ce mot
ordurier du dictionnaire ? Vous m'entendez, les papys verts ?
Vous ne pourriez pas faire un effort et nous ôter des
oreilles et de la bouche des termes aussi crapuleux que
« billevesée », au lieu de rester assis sur vos vieux testicules
taris en vous demandant s'il faut mettre ou ne pas mettre
« couille » dans le dictionnaire ? Trêve de billevesées.
Élevons le débat.

1958
NAISSANCE D'ALBERT DE MONACO

L'usage de la torture en tant qu'instrument de gouvernement se porte encore bien, merci. Même si, sous nos climats, elle a tendance à tomber en désuétude. Pour citer un pays occidental, au hasard, nous sommes en mesure d'affirmer qu'à Monaco, par exemple, le nombre de bourreaux par habitant est actuellement de zéro pour mille. D'ailleurs, on voit mal quelles raisons pourraient pousser un croupier à empaler un milliardaire.

14
MARS

15
MARS

JOURNÉE INTERNATIONALE CONTRE LA BRUTALITÉ POLICIÈRE

La hiérarchie des valeurs impose aux subordonnés une certaine déférence envers leurs supérieurs. Ainsi les flics se doivent-ils de se montrer humbles devant leur bâton.

1802

FONDATION DE L'ACADÉMIE MILITAIRE DE WEST POINT, DANS L'ÉTAT DE NEW YORK, ÉTATS-UNIS

L'US Army serait en train de mettre au point une espèce de missile téléguidé qu'on pourrait détourner de son but si on changeait d'avis à mi-parcours. Ouf.

16
MARS

17
MARS

1883
OBSÈQUES DE KARL MARX

C'est à cela qu'on reconnaît
les communistes : ils sont fous,
possédés par le diable,
ils mangent les enfants et, en plus,
ils manquent d'objectivité.

INSTANCES DIRIGEANTES

C'est un fait que les partis sont le plus souvent entre les mains des hommes et que les femmes restent à la queue, et c'est dommage, parce que bon.

18
MARS

19
MARS

PILE

Depuis un quart de siècle,
les hirondelles qui font le printemps
atterrissent à San Juan Capistrano,
en Californie, chaque 19 mars.
Pas le 18, ni le 20 : le 19.
Cette ponctualité mystérieuse rend
toute la ville perplexe, sauf les chats,
qui commencent à guetter dès le 17.

JOURNÉE INTERNATIONALE DU BONHEUR

Il ne suffit pas d'être heureux. Encore faut-il que les autres soient malheureux.

20 MARS

21
MARS

JOURNÉE MONDIALE DE LA POÉSIE

Le printemps, le vrai, pas l'officiel qu'on attendait
depuis six semaines, mais celui du premier jour des
bourdonnements et des bourgeons, des bourgeonnements
et des bourdons. Le printemps, c'est le grand chambardement
de la vie qui sort de ses cocons. Cela se mérite.
Cela se prépare. On n'entre pas dans le printemps
comme on entre dans un moulin.
Au printemps, la nature change de peau. Les verdoissiers
marronnent, les marronniers verdoient, le chat-huant hue,
le paon puant pue, le matou mutant mue,
Bernard-Henri Lévy refait sa mise en plis.

Journée mondiale de l'eau

L'abus de l'eau est d'autant plus dangereux qu'il entraîne à la longue, chez l'hydromane, une dépendance quasi irréversible. Certes, l'eau est plus digeste que l'amanite phalloïde et plus diurétique que la purée de marrons. Mais ce sont là futiles excuses de drogués. D'autres vous diront que la cocaïne est moins cancérigène que l'huile de vidange... N'en tenez pas compte. Ménagez votre santé. Buvez du vin, nom de Dieu !

22 MARS

JOURNÉE MONDIALE DE LA MÉTÉOROLOGIE

23

MARS

Sale temps, les mouches pètent. Ah, la vache, quel temps de chiottes ! À l'heure où je vous parle, j'ai les bonbons racornis et la stalactite tellement rétractée qu'on dirait un hermaphrodite de Praxitèle. C'est pas pour me vanter, mais y fait vraiment un temps à pas mettre un socialiste dehors. Même à Cannes, y fait un froid de poule, et à La Napoule y fait un froid de canard. Y a pu de saison.

JOURNÉE INTERNATIONALE POUR LE DROIT À LA VÉRITÉ EN CE QUI CONCERNE LES VIOLATIONS FLAGRANTES DES DROITS DE L'HOMME ET POUR LA DIGNITÉ DES VICTIMES

C'est fascinant de savoir que des gens éminemment préoccupés du sort de la France dont l'œil grave et la démarche austère qu'ils ont pour gravir les marches de l'Élysée nous révèlent à l'évidence l'abnégation, le courage et la volonté qu'ils mettent à poursuivre le combat pour le mieux-être de l'humanité et l'agrandissement de leur gentilhommière, c'est dingue de penser que ces grands serviteurs de l'État sont des mammifères vivipares et qu'ils se reproduisent comme Rantanplan, en s'agitant frénétiquement sur une créature du sexe opposé, entre un petit déjeuner avec Arafat et un dépôt de gerbe sous l'Arc de triomphe.

24
MARS

25
MARS

**JOURNÉE EUROPÉENNE
DE L'ENFANT À NAÎTRE**

ANNONCIATION

Il faut frapper avant d'entrer,
mais ça dépend dans qui.
D'aucunes, d'aucuns,
n'opposent pas de résistance.

1827
MORT DE BEETHOVEN

Le sourd le plus célèbre du monde s'appelle Ludwig van Beethoven. Je le précise à l'intention des jeunes pour qui l'histoire de la musique commence à Liverpool et finit par buter à la porte de Pantin, Ludwig van Beethoven fut un compositeur de musique allemand du XIXe siècle qui nous fit, tout de même, trente-deux sonates pour piano, neuf symphonies, pas mal de quatuors et un ulcère du duodénum auquel il faut attribuer ce douloureux faciès de cégétiste sous banderole qu'on lui voit dans le triste portrait qu'en brossa Waldmüller.

26 MARS

27

MARS

JOURNÉE MONDIALE DU THÉÂTRE

L'auteur-interprète se demande
ce qu'il fout là. Le public aussi.
Et nous noterons au passage qu'une
telle communion de pensée entre
l'artiste et son public est rarement
atteinte au théâtre, où, la plupart
du temps, le public est le seul
à s'emmerder.

1882
VOTE DE LA LOI JULES FERRY SUR L'INSTRUCTION PRIMAIRE OBLIGATOIRE

Nous ne saurions manquer une si belle occasion de ricaner une fois de plus sur la tombe de cette baderne colonialiste à qui nous-mêmes et nos enfants devons de voir les plus belles heures de nos jeunes existences totalement gâchées en indigestes bourrages de crâne, cependant que, de l'autre côté des fenêtres grises de l'école sombre, le papillon futile lutine la frêle papillonne dont le cri de joie fait frémir le gazon tendre où perle encore la rosée, fragile et discret témoin de la jouissance émue jaillissant des humus à l'aube printanière.

28
MARS

29
MARS

GRAMMAIRE

Si l'on dit « les animaux »
au pluriel, on dit « l'homme »
au singulier. Parce que
l'homme est unique. De même,
nous dirons que les animaux
font des crottes, alors que
l'homme sème la merde.

1854
CRÉATION DU BAGNE DE CAYENNE

La prison, c'est l'engrais où les âmes pustuleuses et les contaminées s'épanouissent en incurables bubons.

30
MARS

31
MARS

1889
Inauguration de la tour Eiffel

Le saut de la tour Eiffel. Très chic, très parisien. L'avantage du suicide depuis le troisième étage de la tour Eiffel, c'est que la durée de la chute, précédant la réception sous forme de bouse, permet au suicidé de réfléchir et bien souvent de changer d'avis en cours de route.

AVRIL

« Mieux vaut un bon petit froid sec qu'une mauvaise petite pluie fine, mais, tout de même, mets ta laine », dit Yvonne de Gaulle à son mari qui sort ramasser le pouvoir sous la brise.

01
AVRIL

POISSON D'AVRIL

Bien que la coutume en soit follement désopilante, il est très mal élevé d'accrocher des poissons d'avril dans le dos des petits myopathes.

Journée internationale du livre pour enfants

Pendant que vous vivotiez votre vie creuse, fumiers de
fainéants de gosses de riches de merde, pourris par
la servilité sans bornes de vos vieux cons de parents confits
dans leur abrutissement cholestérique, pendant ce
temps-là, il y a des enfants de pauvres de quinze ans
qui sont obligés, pour pas faire de peine à maman,
de se planquer la nuit sous leurs couvertures avec une pile
Wonder et un vieux Petit Larousse périmé pour s'embellir
l'âme et l'esprit entre deux journées d'usine,
avec l'espoir au ventre de mieux comprendre un jour,
pour tâcher de se sortir du trou.

02
AVRIL

03
AVRIL

HYMNE DES TRAVAILLEURS IMMIGRÉS ARRIVANT EN FRANCE

Veni, vidi, vici.

Je suis venu nettoyer les cabinets.

1945
Naissance de Daniel Cohn-Bendit

Rouquin, e, adj. et n. Fam. : qui a les cheveux roux.
Le rouquin est un mammifère vivipare omnivore assez
voisin du blondinet. Pas trop voisin quand même,
car le blondinet fuit le rouquin dont on nous dit qu'il pue,
qu'il est la honte de l'espèce, le banni pestilentiel au regard
faux sous un sourcil rouille. Méfions-nous des jugements
hâtifs : la femelle du rouquin n'est pas la rouquine.
Ou alors si, mais pas forcément.

04
AVRIL

05
AVRIL

1985
LA CHANSON *WE ARE THE WORLD*
EST JOUÉE SIMULTANÉMENT SUR
5 000 STATIONS DE RADIO AUX USA
ET DANS 25 AUTRES PAYS

Voici qu'une horde électronique de rockers anglophones
surgavés d'ice-creams se prend soudain d'émotion
au récit pitoyable de la misère éthiopienne dont les
navrantes images nous prouvent en tout cas qu'on peut
garder la ligne loin de Contrexéville. Gravés sur le vinyle,
les miaulements effrayants et les brames emmêlés de
ces chanteurs transis déferlent un jour sur les ondes,
et c'est alors le monde entier qui glougloute dans la
mélasse, la larme en crue et la honte sous le bras.

1943
PUBLICATION DU LIVRE
LE PETIT PRINCE

PETIT PRINCE : Bonjour, Vénus de Milo.

VÉNUS (*battant des moignons*) : Bonjour, Petit Prince.

PETIT PRINCE (*lui tendant un morceau de papier*) : S'il te plaît, dessine-moi un mouton.

VÉNUS : C'est malin ! Petit con.

06
AVRIL

JOURNÉE MONDIALE DE LA SANTÉ

Les imbéciles
n'ont jamais de cancer.
C'est scientifique.

07
AVRIL

Journée internationale des Roms

Quand on sait qu'à la base de tous les conflits, de toutes les haines, de toutes les guerres, de tous les racismes, il y a la peur de l'Autre, c'est-à-dire de celui qui ne s'habille pas comme moi, qui ne chante pas comme moi, qui ne danse pas comme moi, qui ne prie pas comme moi, qui ne parle pas comme moi ; quand on sait ces choses, dis-je, on est en droit de se demander si, par-dessus les têtes couronnées des potentats abscons qui nous poussent au massacre tous les quatre printemps, l'usage d'une langue universelle ne saurait pas nous aider à résoudre nos litiges et à tolérer nos différences avant l'heure imbécile du fusil qu'on décroche et du clairon qui pouète. Enfin. Bon. Utopie.

08
AVRIL

09

AVRIL

MARI D'OCCASION

Parce qu'il ne voulait pas l'aider
à repeindre les murs de leur maison
de campagne, Mme Barrett a mis
son mari en vente pour la somme de
cinquante francs, par voie de presse.
Le texte de l'annonce précise :
« Il est beau. Il est propre. Il est sobre.
Il sait dire : Quand est-ce qu'on
mange ? et : Ta gueule, je lis. »

1954
INSTAURATION EN FRANCE DE LA TVA

Je vous le demande, vous trouvez que c'est une vie
normale, pour un homme, de ne baiser que le fisc ?
Alors que les femmes des percepteurs, exhibant à chaque
coin de rue leur arrogant derrière que le rond-de-cuir
délaisse, hurlent à l'amour en attendant désespérément
la main virile qui viendra leur nationaliser la libido
à coups de zigounette dans la Fonction publique
avec un effet rétroactif en données corrigées
des variations saisonnières.

AVRIL

11
AVRIL

1961

OUVERTURE DU PROCÈS D'EICHMANN

La prévention contre le nazisme
passe obligatoirement par le respect
des synagogues, le mépris de la
mitraille et un minimum
de réceptivité cordiale au chant
plaintif des violons tziganes.

1961
YOURI GAGARINE EST LE PREMIER HOMME À VOLER DANS L'ESPACE

Il faut vraiment être demeuré ou cosmonaute pour supporter la promiscuité d'un demeuré – ou d'un cosmonaute – pendant six mois dans l'habitacle épouvantablement exigu d'une cabine spatiale.
Je me fais cette réflexion chaque fois que je sors d'un ascenseur à moitié rempli d'un autre être humain.

12
AVRIL

1695
MORT DE JEAN DE LA FONTAINE

13
AVRIL

Avec cet effroyable cynisme d'emperruqué mondain
qui le caractérise, La Fontaine n'hésita pas à puiser
largement dans les ysopets des autres pour les parodier
grossièrement et les signer de son nom. Grâce à quoi,
de nos jours encore, ce cuistre indélicat passe encore
pour un authentique poète, voire pour un fin moraliste,
alors qu'il ne fut qu'un pilleur d'idées sans scrupule,
doublé d'un courtisan lèche-cul craquant des vertèbres
et lumbagoté de partout à force de serviles courbettes
et honteux léchages d'escarpins dans les boudoirs
archiducaux où sa veulerie plate lui assura le gîte,
le couvert et la baisouillette jusqu'à ce jour de 1695 où,
sur un lit d'hôpital, le rat, la belette et le petit lapin
lui broutèrent les nougats jusqu'à ce que mort s'ensuive,
ce qui prouve qu'on a souvent besoin
d'un plus petit que soi.

Proverbe aquaphile

Le temps est comme la cascade.
Tu ne l'empêcheras pas de
couler mais tu peux t'y tremper
pour en jouir et pour
y boire à ta santé.

14
AVRIL

15
AVRIL

1986
MORT DE JEAN GENET

Jean Genet ! Voilà un pédé qui sait bouger la langue pour nous insuffler sa vague déferlante et toujours recommencée d'érotisme trouble !

1921
« LA VACHE QUI RIT »
EST LANCÉE PAR LÉON BEL

Un psychanalyste vous dirait sans doute que ce type
– le type qui a inventé l'espèce de fil rouge autour des
portions de crème de gruyère – a des tendances sadiques.
Il est vrai que cette idée incroyable de faire des nœuds
coulants à des laitages qui ne vous ont rien fait
peut à première vue relever d'une certaine
forme de perversion.

16
AVRIL

17
AVRIL

1987
BOUYGUES ACHÈTE TF1

Qu'on me demande ce que je pense de l'imparfait du subjonctif, d'accord, c'est mon métier d'écrire. Mais ce que je pense de la cohabitation ou de la stérilisation de TF1... Je trouve ça agaçant.

1988
MORT DE DESPROGES

Thierry Le Luron est mort.
Coluche est mort.
Jamais deux sans trois.

18
AVRIL

19
AVRIL

1906
MORT DE PIERRE CURIE

Innocents, les époux Curie, qui, au lieu de prendre sur leur temps de sommeil pour se reproduire, comme font les honnêtes gens, passaient leurs nuits à branloter du radium ?

1889
Naissance d'Hitler

Adolf Hitler est détesté d'une foule de gens. Mais demandez-leur si c'est le peintre ou l'écrivain qu'ils n'aiment pas, ils restent cois.

20
AVRIL

21
AVRIL

1988
ENTERREMENT DE DESPROGES

On ne rit vraiment de bon cœur
que dans les cimetières.

1901
Naissance d'Alexandre Vialatte

Alexandre Vialatte était un homme fort cultivé, d'une prose infiniment élégante, d'un humour plus subtil, plus tendre et plus désespéré qu'un *la* mineur final dans un rondo de Satie.

22
AVRIL

23
AVRIL

Journée mondiale du livre et du droit d'auteur

Rarement, au cours de l'histoire du monde,
une profession n'aura été autant controversée
que celle d'éditeur. Aujourd'hui encore, on accuse
les éditeurs d'exploiter les auteurs. Dieu merci, ce n'est pas
l'avis de tous. À la question : « Les éditeurs sont-ils un mal
nécessaire ? » 100 % des maquereaux de Pigalle interrogés
répondent : « Oui, bien sûr. Si y a personne pour
les pousser au cul, les livres, y restent dans la rue
au lieu de monter dans les étages. »

**JOURNÉE MONDIALE
DES ANIMAUX DANS LES LABORATOIRES**

Plus je connais les hommes,
plus j'aime mon chien.
Plus je connais les femmes,
moins j'aime ma chienne.

24
AVRIL

25
AVRIL

JOURNÉE MONDIALE POUR LA SAUVEGARDE DU LIEN PARENTAL

Injuriez un pandore, volez une pomme ou traversez la vie en dehors des passages protégés définis par la loi et vous risquerez la prison. Mais, sous votre toit, vous ne risquez nulle répression. Abrutissez votre gosse à coups d'idées reçues, détruisez-le à vie en le persuadant que la masturbation rend sourd ou que les juifs sont des voleurs, faites-en un futur con tranquille en lui enseignant que les femmes sont des hommes inférieurs, inoculez-lui sans répit votre petite haine rabougrie pour la musique arabe, la cuisine chinoise ou la mode sénégalaise, dégoûtez-le à vie de Brahms ou du rock new wave, crétinisez-le sans retour en le forçant à faire des maths s'il veut être musicien, parce que vous auriez voulu être ingénieur. N'ayons pas peur des mots : c'est contraire à l'esprit de la Déclaration des droits de l'homme.

1937
BOMBARDEMENT DE LA VILLE DE GUERNICA

En France, terre des couards et des faux-culs, les mêmes qui se pâment devant *Guernica* vous feront remarquer qu'on ne mélange pas l'Art et la douleur dans la même rubrique.

26
AVRIL

1969
DÉMISSION DU GÉNÉRAL DE GAULLE

« Françaises, Français, aidez-moi ! »

Ch. de Gaulle, Partouze à Colombey

27
AVRIL

**JOURNÉE INTERNATIONALE
DES ACCIDENTS DE TRAVAIL**

« Détérioration digitale par sous-estimation de la vitesse cursive d'un élément de rangement. » C'est le texte du rapport rédigé par un contremaître parisien pour signaler qu'un ouvrier s'était coincé le doigt dans un tiroir.

28
AVRIL

29
AVRIL

JOURNÉE INTERNATIONALE DE LA DANSE

Les petites filles rient comme
des ruisseaux, sautent à la marelle
avec des grâces que la danseuse étoile
ne saura plus revivre, chantent en
cristal et s'ennuient déjà poliment
avec les fusils de la guerre pour rire.

1945
Mort d'Hitler

Le 30 avril 1945 précisément,
le chancelier Hitler, légèrement déçu
par la vague d'antinazisme primaire
qu'il sentait déferler autour de lui,
se donnait discrètement la mort
dans son loft souterrain
de la banlieue berlinoise.

30
AVRIL

MAI

Haut lieu du tourisme balnéaire international, célébré pour sa croisette bordée de palmiers et pleine de connes emperlousées traînant des chihuahuas, Cannes brille surtout pour son festival annuel du cinéma où les plus notables représentants de la sottise journalistique parasitaire côtoient les plus éminentes incompétences artistiques internationales, entre deux haies de barrières métalliques où, sinistrement empingouinés, le havane en rut ou la glande mammaire au vent, pressés, tassés, coincés, luisants comme des veaux récurés qu'on pousse à l'abattoir, tous ces humanoïdes chaleureusement surgelés se piétinent en meuglant sous les brames effrayants des hordes populaires.

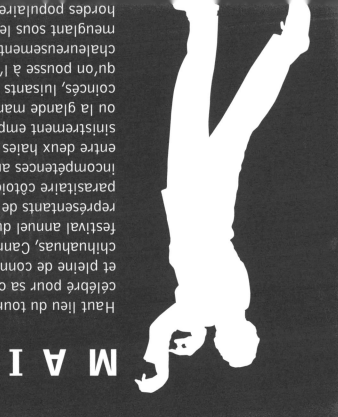

01
MAI

JOURNÉE MONDIALE DU TRAVAIL

Les mains d'un éboueur moyen après son travail empestent la vieille raclure de poireau. Alors que les mains d'un mannequin après son travail sentent le genou de P-DG, c'est quand même autre chose.

1857
Mort d'Alfred de Musset

Paris, ce 14 mars 1831

A.M./P.[*]
Objet : de convoitise.
Destinataire : Frédéric Chopin, 17, impasse Jaruzelski, Varsovie

Monsieur,
Suite à notre entretien du 11 courant, j'ai l'honneur de vous faire
connaître par la présente l'émoi où mon cœur est plongé.
Cependant, la nature et l'objet des rapports qui nous lient vous et
moi dans l'affaire Sand ne m'autorisent, pas plus que l'obligation
de réserve à laquelle nous sommes tenus, d'envisager dès aujourd'hui
de révéler au grand jour les éventuels événements blennorragiques
de cette affaire.
Veuillez agréer, Monsieur, l'assurance de mes sentiments romantiques.
Tu as le bonjour d'Alfred.

[*]A. M. = Alfred de Musset.
P désigne évidemment l'initiale de Pauline, la secrétaire de Musset

02
MAI

03
MAI

JOURNÉE MONDIALE DE LA LIBERTÉ DE LA PRESSE

« LA FUSÉE ARIANE VICTIME D'UN SABOTAGE ? »

Avec un point d'interrogation. Vous avez tout compris : sans point d'interrogation, le titre « La fusée Ariane victime d'un sabotage » relevait du mensonge pur et simple. Avec un point d'interrogation, on peut tout dire sans risquer la diffamation, et c'est très intéressant sur le plan de l'accroche-connard car le susdit connard, pour peu qu'il soit myope, inculte, dyslexique ou simplement pressé, ne verra même pas le point d'interrogation.

1940
DÉBUT DE LA CONSTRUCTION DU CAMP D'AUSCHWITZ

Je me méfie des rumeurs malveillantes. Quand on me dit que si les juifs allaient en si grand nombre à Auschwitz, c'est parce que c'était gratuit, je pouffe.

04
MAI

05 MAI

JOURNÉE MONDIALE DE L'HYGIÈNE DES MAINS

Tous bijoux à l'abri, je me contemple dans le miroir des lavabos, en jetant un œil surpris à mes camarades d'urésie qui s'ablutionnent vigoureusement les pognes ! J'ai toujours été frappé de voir les hommes se laver les mains après pipi. Seigneur ! Dans quel état d'abandon faut-il qu'ils laissent leur queue pour s'en souiller ainsi les doigts. J'aurais tendance à me les laver avant, pour ne pas salir l'oiseau.

1856

NAISSANCE DE FREUD

Sans Sigmund Freud,
l'Homme ne saurait pas qu'il
a envie de baiser sa mère.
Ce serait la fin du monde.

06

MAI

07 MAI

**BIENTÔT :
VOTRE DÉCLARATION D'IMPÔTS**

Si l'on devait attendre que le peuple exige de payer des impôts pour lui tirer la bourse, avec quel argent fabriquerions-nous toutes ces armes magnifiques sans lesquelles les jeunes gens des pays chauds en seraient encore réduits à s'entredétruire à la machette ?

**JOURNÉE DU SOUVENIR
ET DE LA RÉCONCILIATION
EN L'HONNEUR DES MORTS DE LA
SECONDE GUERRE MONDIALE**

Le nazisme, tombé en désuétude
en 1945 – excellente année pour les
bordeaux rouges, encore qu'on puisse
lui préférer 1947 –, prônait le racisme,
le militarisme, le progrès social et
l'assiduité aux carnavals métalliques
avec flambeaux et oriflammes
à grelots.

08
MAI

09 MAI

1939
NAISSANCE DE PIERRE DESPROGES

J'ai été frappé dès ma naissance
de misanthropie galopante.
Je fais même de l'automisanthropie :
je me fais horreur ! Je me hais.

JOURNÉE COMMÉMORATIVE DE L'ABOLITION DE L'ESCLAVAGE EN FRANCE MÉTROPOLITAINE

Après une brutale interdiction légale
de l'esclavage, l'Afrique put lutter
efficacement contre sa terrible
dépopulation grâce à la colonisation.
Pionniers superbes, les hardis colons
n'hésitèrent pas à combattre
la mouche tsé-tsé à mains nues
et le paludisme à coups de trique, tout
en encourageant la natalité en violant
eux-mêmes les femmes noires.

10
MAI

11
MAI

JOURNÉE DES ESPÈCES MENACÉES

Le seul ancêtre connu du mégathérium est le maximégathérium, dont la taille pouvait atteindre vingt-cinq mètres.
On peut raisonnablement penser qu'il ne s'entendait même pas péter.

JOURNÉE INTERNATIONALE DE L'INFIRMIÈRE

Les jeunes journalistes ne respectent plus les mots. Ce type écrit que l'infirmier violait les mortes. Violer, c'est imposer par la contrainte. On ne contraint pas un macchabée.

12

MAI

13

MAI

JOURNÉE MONDIALE DE L'INGÉNIERIE POUR L'AVENIR

Gloire à toi, Archimède,
qui fut le premier à démontrer
que, quand on plonge un corps
dans une baignoire,
le téléphone sonne.

1850

Joel Houghton dépose son brevet pour une machine à laver la vaisselle

Ce sont les fondements mêmes de la civilisation qui sont menacés dès que notre chère compagne douce et aimante commence à quitter la réserve feutrée où notre juste raison l'a parquée, pour aller se vautrer dans la décadence gynécocratique où d'immondes viragos en talons plats se mêlent de conduire elles-mêmes la barque maudite de leur destin sans mâle, avant de sombrer corps et âme au cœur glacé de ces existences sans grâce et sans révérence où nos sœurs perdues s'abaissent et renient leur condition féminine jusqu'à porter elles-mêmes leur valise pleine de stérilets, je devrais dire leur baise-en-ville plein de ces saloperies anticonceptionnelles androphobiquement paroxystiques qui leur permettent de frimer la tête haute et la mamelle arrogante, au pied des lits de stupre qu'elles se choisissent toutes seules.

14
MAI

15
MAI

JOURNÉE INTERNATIONALE DES FAMILLES

Le quadruple crime de
Trifouilly-sur-Mer éclairci :
le meurtrier était un ami de la famille.
On frémit à l'idée que ç'aurait pu être
un ennemi de la famille.

1929
PREMIÈRE CÉRÉMONIE DES OSCARS À HOLLYWOOD

J'en ai vu, dans le show-biz, ramper de si peu dignes et si peu respectables qu'ils laissaient dans leur sillage des rires de complaisance aussi visqueux que les mucosités brillantes qu'on impute aux limaces.

16
MAI

17

MAI

JOURNÉE MONDIALE CONTRE L'HOMOPHOBIE

– Je ne voudrais pas être indiscret, mais... êtes-vous homosexuel ?
– Non... non non... et... et vous-même, monsieur, vous êtes homosexuel ?
– Non !
– Dommage !

JOURNÉE INTERNATIONALE DES MUSÉES

Dans la salle sévère et fraîche du Louvre, Néfertiti, le menton fier levé sur son cou admirable, continue de ne pas vieillir avec intensité.

18
MAI

19

MAI

Nuit blanche

Pour lutter contre l'insomnie,
faites un quart d'heure de yoga, mangez une pomme crue,
avalez une infusion de passiflore (*Passiflora incarnata*),
prenez un bain chaud à l'essence de serpolet
(*Thymus serpyllum*), frictionnez-vous à l'huile essentielle
de jasmin (*Jasminus officinale*) et orientez votre lit au nord.
Quand vous aurez fini tout ça,
il ne sera pas loin de 8 heures du matin.

JOURNÉE EUROPÉENNE DE LA MER

Pour lutter contre le mal de mer,
sucez une noix de muscade
(sans l'avaler, c'est toxique).
Si vous n'avez pas de noix de muscade,
allez-y à bicyclette.

20
MAI

21
MAI

JOURNÉE MONDIALE DE LA DIVERSITÉ CULTURELLE POUR LE DIALOGUE ET LE DÉVELOPPEMENT

Plus encore que les barrages de la langue et les divergences de leurs us et coutumes, c'est la différence de quotient intellectuel qui divise les hommes, les empêche de s'aimer et les pousse à la guerre. Niveler l'intelligence, décérébrer l'élite pour l'abaisser aux niais, n'est-ce point là que réside l'ultime espoir de mettre fin à la haine, à la peur, au racisme, à la musique de chambre ?

JOURNÉE INTERNATIONALE
DE LA DIVERSITÉ BIOLOGIQUE

Plus encore que de sexe, l'homme a besoin de se frotter à la nature. C'est au contact de la nature que j'ai toujours trouvé en moi la source de cette inspiration, dont l'exquise envolée subjugue aujourd'hui la plupart de mes beaux-frères.
Je vais au cœur des forêts où la biche brame quand on l'étreint. Je m'assieds au bord des routes pour voir passer le courageux hérisson crève-pneu. Et quand mes activités m'empêchent de quitter la ville, je vais flâner au Luxembourg pour écouter tousser les oiseaux.
Villon, en son temps, chantait déjà la nostalgie de la nature qui monte au cœur du citadin enfermé dans ses murs :

Oncques ne vit biches au bois
Oncques n'eut faucon sur mes doigts
Oncques guenon ne caressoie
Oncques, Oncques, Oncques

22
MAI

23

MAI

**1945
MORT DE HIMMLER**

Heinrich Himmler avait beau ressembler trait pour trait au pétomane, il déclenchait peu d'hilarité à Auschwitz. Pourtant les juifs ont de l'humour.

TOURNOI DE ROLAND-GARROS

On s'ennuie vite à jouer au tennis,
à cause, bien sûr, de l'inertie de
la balle, alors que si vous remplacez
la balle par un poussin,
c'est le fou rire assuré.

24
MAI

25
MAI

1946
Exécution du docteur Petiot

Comme le disait si judicieusement Mme Rosenblum en se dissolvant doucement dans la baignoire d'acide sulfurique du docteur Petiot : « On est bien peu de chose ! »

1907
Naissance de John Wayne

Dans son œil bleu-inox brûle une lueur mauvaise. Et idem dans son autre œil. On le sent prêt à tout. Sauf à danser *Le Lac des cygnes*. Il n'est pas habillé pour.

26
MAI

27

MAI

**DEMAIN :
JOURNÉE INTERNATIONALE D'ACTION
POUR LA SANTÉ DES FEMMES**

Si vous avez les seins qui tombent, faites-vous refaire le nez, ça détourne l'attention.

28
MAI

1738
NAISSANCE DE JOSEPH GUILLOTIN

Où ai-je la tête ?

29

MAI

1985
DRAME DU STADE DU HEYSEL

Quelle brute glacée, quel monstre décérébré de quel ordre noir oserait rire sur des cadavres comme nous le vîmes en vérité, certain soir du Heysel où vos idoles, calamiteux goalistes extatiques, ont exulté de joie folle au milieu de quarante morts piétinés, tout ça parce que la baballe était dans les bois ?

1431
MORT DE JEANNE D'ARC

Non content de faire bouillir les
viandes rouges, l'Anglais fait cuire
les viandes blanches, telle Jeanne
d'Arc qui mourut dans la Seine-
Maritime et dans les flammes en
lançant vers Dieu ce cri d'amour :
« Mon Dieu, mon Dieu, baisse
un peu le chauffage ! »

30
MAI

31 MAI

JOURNÉE MONDIALE SANS TABAC

Je dis « connards tabacophiles »
à l'intention du graffitouilleur inculte
qui a dessiné le paquet de Camel
avec une seule bosse au chameau.
Le chameau a deux bosses, tarés.
Alala, plus c'est cancérigène,
plus c'est con !

JUIN

Je déteste l'été. Tous les ans, c'est la même chose. Dès les premiers beaux jours, quand la nature est en fête et les oiseaux fous de joie, je regarde le ciel bleu par-dessus les grands marronniers de mon jardin, et je me dis : « Ah, ça y est, quelle horreur : dans six mois c'est l'hiver. »

01
JUIN

JOURNÉE INTERNATIONALE DES PARENTS

Dieu merci, nous autres parents, armés de cette époustouflante sagesse tranquille qu'on appelle la Raison, sommes là pour guider d'un bras ferme nos chers petits sur le droit chemin de la vérité existentielle d'où leur âme fluette de petit sous-homme se forgera sans trêve jusqu'à devenir l'âme d'airain de l'homme mûr et responsable, capable enfin de travailler huit heures par jour à l'usine ou au bureau, de jouer au tiercé et de déclencher périodiquement les indispensables guerres mondiales dont les déchaînements remarquables de bruits et de fureur constituent à l'évidence la seule vraie différence entre l'Homme et la bête.

1952

PREMIÈRE RETRANSMISSION TÉLÉVISUELLE EN DIRECT : COURONNEMENT DE LA REINE ELIZABETH, COMMENTÉ PAR LÉON ZITRONE

Léon Zitrone a fayoté à longueur de *Jours de France* avec les rois, les reines, les présidents, les Boussac, les chevaux, la reine d'Angleterre, Pompon, l'archi d'mes fesses du Luxembourg, le prince pipoté d'Andorre, le trouduc d'Orléans, la marquise de Pompe l'amour, le comte de la Roche-Faux cul, le chandelier de l'Échiquier, tous les faux régnants, du faux règne au père, foreign office, foreign du Saint-Esprit, amen.

02
JUIN

03
JUIN

1924
Mort de Kafka

Kafka avait la vie comme on a le cancer, et se heurtait aux conformités, tel le cafard enfermé butant au mur sans jamais trouver la faille au trou noir salvateur.

JOURNÉE INTERNATIONALE DES ENFANTS VICTIMES INNOCENTES DE L'AGRESSION

Quand, par malheur, un berger allemand se farcit un bébé-tartare dans un berceau, qui nous dit que ce n'est pas le bébé qui a commencé?

04
JUIN

05

JUIN

JOURNÉE MONDIALE DE L'ENVIRONNEMENT

Les militaires en garnison à
Fort Campbell, dans le Kentucky,
sont décidés à exterminer des
millions de merles et d'étourneaux qui
souillent et polluent l'environnement.
Sans compter que, c'est bien connu,
le chant des petits oiseaux
fait peur aux canons.

1944
DÉBARQUEMENT DE NORMANDIE

Le 6 juin 1944, enfin, le thermomètre n'affiche plus que 13° à six heures du matin. On peut faire du bateau au bord des plages normandes sans risquer l'insolation. Ce jour-là, on verra même des Américains (tous de grands enfants) se baigner tout habillés pour aller pêcher le pruneau de mer.

06
JUIN

07
JUIN

VIEUX DICTON

Quéquette en juin,
layette en mars.

JOURNÉE MONDIALE DE L'OCÉAN

La vraie mer. Atlantique. Pas la mer
sans marée, stagnante et soupe aux
moules, qui lèche le Sud à petits
clapotis mièvres, où l'Anglaise dorée
finissante fait frémir ses varices.
Je vous parle de la mer venue d'Ouest
qui claque aux sables vierges, et va
et vient, monte et descend comme
un amant formidable. La mer tour
à tour miroir de plomb mort
ou furie galopante. La mer.

08
JUIN

09
JUIN

Journée internationale des archives

Si l'on en croit la première version (remaniée dix ans plus tard) d'*Oceano Nox*, dont le manuscrit original vient d'être retrouvé aux Archives nationales, on peut douter de l'hétérosexualité de Victor Hugo. En effet, le grand poète avait seize ans en 1818 quand il s'engagea comme mousse. C'est alors qu'il jeta la première ligne de son chef-d'œuvre lyrico-maritime :

Ô, combien de marins ? Dix-huit ? Ça fait beaucoup.

2004
MORT DE RAY CHARLES

Un soir que Ray Charles venait de donner un récital
triomphal (au Royal Festival Hall de Londres),
une journaliste débutante, émue aux larmes par tant
de talent, vint l'interviewer en tremblant dans sa loge.
– C'était magnifique, monsieur, vous m'avez fait pleurer !
dit cette jeune fille. Il y a dans votre voix déchirée tout
l'espoir du monde. C'est... c'est plus qu'un chant d'amour,
c'est un cri de vie ! Mais euh... ce doit être horrible d'être
aveugle. Comment faites-vous pour exhaler tant de joie
malgré cette nuit totale où vous êtes enfermé ?
– Bof, répondit Ray Charles, faut se faire une raison,
ma petite dame. Vous savez, on trouve toujours plus
malheureux que soi. J'aurais pu être nègre...

10
JUIN

11
JUIN

1644
LE PHYSICIEN EVANGELISTA TORRICELLI INVENTE LE BAROMÈTRE À MERCURE

Le thermomètre peut atteindre – 40 en Sibérie où il arrive qu'on trouve sous la glace un os de mammouth grand comme un chef de gare. On dit alors que l'hiver est rigoureux.

DERNIERS DÉLAIS POUR LES RÉVISIONS DU BACCALAURÉAT

J'ai toujours été persuadé que les diplômes sont faits pour des gens qui n'ont pas de talent. Malheureusement il ne suffit pas de ne pas avoir de diplômes pour avoir du talent.

12

JUIN

13
JUIN

1985
DÉCRIMINALISATION EN AFRIQUE DU SUD POUR LES RELATIONS SEXUELLES ET LES MARIAGES ENTRE INDIVIDUS DE COULEURS DIFFÉRENTES

Eh hop, les voilà partis vers leur destin, les yeux dans les yeux et la zigounette dans le pilou-pilou.

1864
NAISSANCE D'ALOIS ALZHEIMER

Amnésique depuis trente ans,
un homme qui ne savait même plus
son nom vient de mourir à l'hôpital
de Boston. Sur sa tombe, un futé
a gravé : « Souvenez-vous. »

14
JUIN

15
JUIN

JOURNÉE MONDIALE DE LUTTE CONTRE LA MALTRAITANCE DES PERSONNES ÂGÉES

Vieux parents, vous tous qui déclinez en parasites, accrochés à vos familles, vieux oncles, vieilles tantes, si vous voulez bien vous donner la peine de respecter les simples conseils qui vont suivre, vous saurez alors comment vous éteindre sans bruit, comme un réfrigérateur qui cesse de trembloter quand on le débranche, et vos chers enfants émus pourront vous rendre ainsi l'ultime hommage posthume : « Tiens ! le chat n'est plus sur Mémé, sans doute qu'elle est froide. »

BACCALAURÉAT

Le 16 juin 1939,
26 500 candidats seulement
se présentent au baccalauréat.
(À l'époque, il fallait savoir lire.)

16
JUIN

17
JUIN

JOURNÉE MONDIALE DE LA LUTTE CONTRE LA DÉSERTIFICATION ET LA SÉCHERESSE

Au sud, l'Afrique est peuplée de Noirs qui répondent au nom de « Mamadou », sauf au Sahel où ils ne répondent rien du tout, à cause du sable dans les oreilles et de l'intolérable souffrance irradiant sans trêve leur paroi stomacale desséchée par la faim atroce et palpitante qui les raye un à un de la carte du monde dans l'indifférence placide des nantis du Nord assoupis dans leurs excès de mauvaises graisses.

1940
APPEL DU 18 JUIN

Tout dans la vie est affaire de choix, finalement,
ça commence par la tétine ou le téton, ça se termine par
le chêne ou le sapin, et puis d'ici à là, de sa naissance à sa
mort, l'homme est en permanence confronté à des choix.
Mais que choisir ?
Fromage ou dessert ? La bourse ou la vie ? La cigale ou la
fourmi ? Le sabre ou le goupillon ? Jacob ou Combaluzier ?
Labourage de crâne ou pâturage de dents ? La gauche ou
Mitterrand ? Un baril de merde ou deux barils d'une lessive
ordinaire ? Eh bien, je ne sais pas.
Je suis dubitatif.
Eh ! c'est pas cochon, dubitatif. C'est en un seul mot, hein,
dubitatif. Ça veut pas dire : éjaculateur précoce.
Ça veut dire que je suis dans le doute, voilà.
Je suis dans le doute. Tiens ! le doute m'habite.

18
JUIN

19
JUIN

1986
MORT DE COLUCHE

Le 19 juin 1986, le comique français Michel Colucci attaque un camion à coup de tête sur la départementale 3.

1928

NAISSANCE DE JEAN-MARIE LE PEN

JOURNÉE MONDIALE DES RÉFUGIÉS

Des murs gris des boulevards, de la Chapelle à Clichy,
suinte lentement la coulée douce des immigrés.
Désolamment endimanchés ou quasiment princiers
dans les toges arrogantes des rois de pays peuhl, ils sortent
promener leur solitude comme on va faire pisser son chien,
sans joie, sans trop penser, et en trottant derrière. Çà et là,
quelque raciste pauvre les croise avec dédain.

20
JUIN

21 JUIN

JOURNÉE INTERNATIONALE DE LA LENTEUR

Il est payant parfois de savoir prendre son temps. Les tronches défaites du bâfreur hâtif et de l'éjaculateur précoce sont éloquentes à cet égard.

JOURNÉE NATIONALE DE RÉFLEXION SUR LE DON D'ORGANES ET LA GREFFE

Si vous n'êtes pas trop moche, offrez votre corps à la science pour éviter les frais d'enterrement. Et surtout, dès que vous sentirez venir la mort, ôtez vos dents en or. C'est une simple question de délicatesse.

22

JUIN

23 JUIN

JOURNÉE INTERNATIONALE DES VEUVES

La femme seule a toujours tort.
La femme seule est scélérate.
Elle est seule au resto.
C'est pour se faire draguer.
Seule au ciné, pour se faire peloter.
Seule dans la rue, pour se faire violer.
Seule au bois, pour se faire payer.
Seule au lit, pour dépeupler la France.
Seule au bal, parce qu'elle est moche.
Seule au monument aux morts,
parce qu'elle est veuve de guerre.
Seule sous le sapin de Noël, parce qu'elle est veuve de paix.
La femme seule n'a d'issue que dans l'héroïsme,
où nul ne se plaindra de la voir sombrer.

Saint Jean-Baptiste

Ça vous en bouche un coin, comme disait Jean-Baptiste
Vaquette de Gribeauval. (Je ne sais plus en quelle
circonstance Jean-Baptiste Vaquette de Gribeauval a dit :
« Ça vous en bouche un coin » ? Mais, comme personne,
à part moi, ne sait qui était Jean-Baptiste Vaquette de
Gribeauval, je ne risque pas d'être contredit !
De toute façon, il est tout à fait ridicule de dire :
« Ça vous en bouche un coin », sans préciser le nom de
l'auteur de cette phrase sublime, c'est comme si on disait :
« Pardonnez-leur parce qu'ils ne savent pas ce qu'ils font »
sans citer Jésus-Christ, ou : « Merde » sans citer Cambronne,
ou : « Oulala, c'est cuit ! » sans citer Jeanne d'Arc, ou :
« La mer qu'on voit danser » sans citer Balnéaire.)

24

JUIN

25
JUIN

JOURNÉE MONDIALE DES ORPHELINS

Défendons la veuve contre l'orphelin.

JOURNÉE INTERNATIONALE DES NATIONS UNIES POUR LE SOUTIEN AUX VICTIMES DE LA TORTURE

Si on crie avant la torture, on ne sait plus quoi faire pendant, et on s'ennuie.

26
JUIN

27 JUIN

PRÉCISION

Ne surévaluons pas la conjonction
« pourtant ». Elle indique l'opposition.
Pas la négation. Nuance. Si je dis :
« Jean-Marie Le Pen n'est pas fasciste.
Pourtant… », la seconde proposition
ne contredit pas la première.
Elle ne fait qu'en souligner la
singularité en lui opposant
une anormalité conjoncturelle
subjective de base.

1914
ASSASSINAT DE FRANÇOIS-FERDINAND

1919
SIGNATURE DU TRAITÉ DE VERSAILLES

Pour démontrer que l'homme est beaucoup plus intelligent
que le chien, il nous suffira de les conduire tous les deux
au front à Verdun alors que le combat fait rage et que
les obus font des trous dans les jeunes gens qui poussent
des petits cris désespérés en ramassant leurs intestins
dans la boue des tranchées.
Au moment où le capitaine crie :
« À l'assaut les p'tits gars ! », lâchons simultanément
l'homme qui répond au nom d'Albert et le chien qui
répond au nom de Kiki. Qu'observons-nous ?
Alors que le chien file se planquer dans le sous-bois,
l'homme court se faire éventrer en criant :
« Mort aux Boches ! »
N'est-ce pas la preuve que l'homme
est plus intelligent que le chien ?

28
JUIN

29
JUIN

RIDEAU

Sauf erreur, la fin du monde est pour le 3 juillet prochain, à midi précis, heure de Greenwich.

Pour une fois, ce n'est pas un charlatan qui l'annonce, mais le révérend père Branson, d'une paroisse de Birmingham, qui tient ses informations de très haut.

1991
ABOLITION DE L'APARTHEID

Mes combats humanistes, je les mène dans le privé. J'ai pas de message, pas de credo, pas d'espoir, pas de colère. Je suis très content de tout ce qui se passe dans le monde. Je n'ai personne à convaincre. Je n'aime pas la chaleur humaine. Et puis j'ai sommeil...

30
JUIN

JUILLET

L'été ? Quelle horreur ! C'est la saison des joies vulgaires et des exultations de masse. En hiver, l'*Homo sapiens* de base fonce la tête basse dans les frimas pour qu'on ne voie pas sa gueule, mais que revienne l'été, et voici qu'il relève le nez pour humer les petites brises le long des quais marins où il parade, derrière son ventre enveloppé, dans d'immondes chemises haïtiennes, avec sa grosse qui se pavane à son bras en jupette rase-bonbon de style abat-jour à cellulite, et leur progéniture braillarde qui caracole autour et fait des ricochets pour stresser les mouettes et paniquer les harengs.

01
JUILLET

JOURNÉE MONDIALE DU BANDEAU BLANC CONTRE LA PAUVRETÉ

Les aspirations des pauvres ne sont pas très éloignées des réalités des riches. Les riches, au fond, ne sont jamais qu'une minorité de pauvres qui ont réussi. Les riches forment une grande famille, un peu fermée certes, mais les pauvres, pour peu qu'on les y pousse, ne demanderaient pas mieux que d'en faire partie.

Coup de gueule

Pour être vraiment sincère, la Provence me les gonfle autant que la Bretagne profonde. La bonhomie sucrée de tous ces gros santons mous qui puent l'anis, et qui génocident les coccinelles à coups de boules de pétanque dans la gueule, eh bien moi, ça m'escagasse autant le neurone à folklore que les désespérances crépusculaires de la Paimpolaise qui guette le retour improbable de son massacreur de harengs, la coiffe en bataille et la larme au groin, au pied des bittes de fer fouettées par les embruns !

02
JUILLET

03 JUILLET

1883
NAISSANCE DE KAFKA

Kafka était juif, mais il n'en tirait ni joie ni fierté, ni honte ni tristesse. En réalité, Kafka ne tirait ni joie ni peine de rien ni personne. Simplement, il se sentait mal à l'aise depuis ce matin de 1883 où, alors que tout allait bien pour lui, il est né. Il conçut de cet événement un dégoût inexplicable qui ne le quitta qu'au jour de sa mort.

1848
MORT DE CHATEAUBRIAND

Les mots les plus doux sur l'automne ont été prononcés, sur son lit de mort, par Chateaubriand pendant qu'il crachait ses poumons dans la gueule de madame Récamier qui lui tenait la main droite dans sa main gauche, l'autre main, je te raconte pas.

04
JUILLET

05
JUILLET

1911
NAISSANCE DE GEORGES POMPIDOU

Georges Pompidou fut un grand président. Pourtant il aimait Vasarely, et il voulait détruire la gare d'Orsay et bétonner la Seine. Mais c'est un homme qui n'aurait pas permis que l'on servît un meursault trop glacé sur un loup au fenouil.

1808
SUCCESSION ROYALE

C'est un 6 juillet (1808) que Murat, qui venait de succéder à Joseph Bonaparte sur le trône de Naples, lança son fameux : « On est déjà le 6 ? »

06
JUILLET

07
JUILLET

1904
SUPPRESSION DE L'ENSEIGNEMENT CONGRÉGANISTE

Je voue aux mêmes flammes éternelles les nazis pratiquants et les communistes orthodoxes. Je mets dans le même panier les connards phallocrates et les connasses MLF. Je trouve que les riches puent et je sais que les pauvres sentent, que les charcutiers sont dégueulasses et les végétariens lamentables. Maudite soit la sinistre bigote grenouilleuse de bénitier qui branlote son chapelet en chevrotant sans trêve les bondieuseries incantatoires, dérisoires de sa foi égoïste rabougrie.
Mais maudit soit aussi l'anticlérical primaire demeuré qui fait crôa-crôa au passage de Mère Teresa.

Volupté

Ça y est. Ça recommence.
Y a ma libido qui me chatouille.
J'arrive plus à bosser. Coucher, baiser,
sauter, y a plus que ça qui compte,
je n'arrête pas. Samedi, j'étais tellement
obsédé que j'ai sauté deux repas,
j'ai baisé le fisc, et j'ai même couché…
avec allégresse, quelques alexandrins
sublimes sur le déclin de la rose.

08 JUILLET

09
JUILLET

JOURNÉE INTERNATIONALE
DE LA DESTRUCTION DES ARMES LÉGÈRES

Vous avez devant vous un homme calme et pondéré,
élevé dans la religion chrétienne, l'amour des pauvres
et le respect des imbéciles, un partisan farouche de la
non-violence, un adversaire résolu de l'autodéfense,
aussi bien de l'autodéfense organisée, groupusculaire,
que de l'autodéfense organisée officielle de l'État,
bien connue sous le nom de
police-vos-papiers-halte-là-panpan-la-matraque.

1871
NAISSANCE DE MARCEL PROUST

Je recèle en moi des réserves d'ennui pratiquement
inépuisables. Je suis capable de m'ennuyer pendant des
heures sans me faire chier. À force de pratique, sans doute :
j'ai fait vingt-huit mois de service militaire et j'ai dîné
deux fois avec Jean Daniel, la pleureuse séfarade
propalestinienne. J'en ai conservé un goût morbide,
une attirance vertigineuse pour l'ennui, au point que
si je ne me retenais pas, certains soirs de Novotel vertueux
où tapinent au couloir d'immettables soubrettes,
j'irais jusqu'à sombrer dans la lecture de Proust,
pour y perdre mon temps à la recherche du sien.

10
JUILLET

11
JUILLET

À BICYCLETTE !

Le Tour de France rassemble chaque été, sur le bord des routes, des centaines de milliers de prolétaires cuits à point qui s'esbaudissent et s'époumonent au passage de maints furonculés tricotant des gambettes.

1998

LA FRANCE EST CHAMPIONNE DU MONDE DE FOOTBALL

Je vous hais, footballeurs.
Vous ne m'avez fait vibrer qu'une fois :
le jour où j'ai appris que vous aviez
attrapé la chiasse mexicaine en suçant
des frites aztèques. J'eusse aimé que
les amibes vous coupassent les pattes
jusqu'à la fin du tournoi.

12
JUILLET

13
JUILLET

BAL DES POMPIERS

Aux armes citoyens,
au lit les citoyennes.

Fête nationale

Démilitariser les hymnes nationaux, ça c'est une bonne idée. Si les ministères concernés m'avaient fait l'honneur de solliciter mon avis, quant aux paroles de *La Marseillaise*, j'eusse depuis longtemps déploré que les soldats y mugissassent et préconisé vivement que les objecteurs y roucoulassent, que les bergères y fredonnassent et que les troubadours s'y complussent.

14
JUILLET

1914

LOI INSTAURANT L'IMPÔT SUR LE REVENU

Pierre Desproges
à Paris

à

TRÉSOR PUBLIC
Trésorerie Principale
Paris CEDEX 09 P 14B 7624

Mon Trésor,

Merci de ta gentille lettre P 14B 7624, elle m'a fait bien plaisir. Pour les 1,30 franc que tu me dois, tu serais sympa de les virer à mon compte bancaire le plus vite possible. Ce serait pour acheter une demi-baguette à 1,90 franc avant que ça augmente encore. Avec les 5 centimes en trop, je pourrais avoir un roudoudou ou deux Carambar, à moins que je décide d'aider la recherche contre le cancer. Ici, il fait un temps dégueulasse.

J'espère qu'à CEDEX 09 vous avez beau temps.

Je te prie d'agréer, Mon Trésor, l'expression de mes sentiments distingués.

Pierre Desproges.

1942
RAFLE DU VEL' D'HIV

Des SS, il en subsiste encore aujourd'hui. Il y en a plein les pavillons de banlieue. Nostalgique désordre noir, affolé par tout ce qui bouge et qui n'a pas de certificat de baptême, ça voit des bandits et des impies partout, ça vit barricadé derrière des huisseries blindées, ça cotise à la milice communale des serreurs de fesses effarés.

16
JUILLET

17
JUILLET

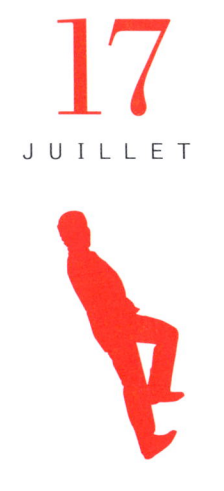

POTIN

Une erreur courante
consiste à penser que le vélo
est le mari de la bicyclette.
C'est faux.
C'est son amant.

1870
**LE CONCILE AFFIRME
L'INFAILLIBILITÉ DU PAPE**

On ne doit pas juger les gens sur leur mine. L'habit ne fait pas le moine. Soulevez la soutane du pape, vous serez surpris.

18
JUILLET

19
JUILLET

BONNES MANIÈRES

Dans le train, nous devons aider
les personnes âgées à mettre
leur bagage dans le filet.
Nous gagnerons également de la place
en glissant ces mêmes
personnes âgées sous la banquette.

1969
PREMIERS PAS DE L'HOMME SUR LA LUNE

Alunissage, n. m., du latin *luna*, la lune,
et du préfixe *a*, très joli également.
Procédé technique consistant à déposer des imbéciles
sur un rêve enfantin. Les accessoires utiles à l'alunissage,
outre les imbéciles, sont :

1. La fusée, sorte de véhicule autopropulsé comportant
de nombreux aménagements sophistiqués.

2. La terre, pour partir.

3. La lune, pour témoin.

20 JUILLET

21
JUILLET

TOUR DE FRANCE

Il existe une certaine parenté de pensée entre l'autruche et le coureur cycliste, parenté renforcée encore par le fait que l'un comme l'autre s'arrachent les poils des pattes pour faire joli.

2013

LOI ADOPTÉE POUR L'ENSEIGNEMENT SUPÉRIEUR ET LA RECHERCHE

La recherche a besoin d'argent
dans deux domaines prioritaires :
le cancer et les missiles anti-missiles.
Pour les missiles anti-missiles,
il y a les impôts. Pour le cancer,
on fait la quête.

22 JUILLET

23
JUILLET

1951
MORT DU MARÉCHAL PÉTAIN

Chez les vieillards séniles apparaissent des troubles du langage, de la mémoire, et un affaissement notable des capacités intellectuelles, notamment la capacité d'analyse et de synthèse. La pensée se referme peu à peu sur elle-même, devient bornée et obstinée, avec des périodes d'incohérence de plus en plus nombreuses. C'est ce qu'on appelle vulgairement le gâtisme.

Cochon narquois

Vivant dans un pays où la religion interdit formellement la consommation de viande de porc, le cochon oriental ne craint pas pour ses côtelettes. C'est pourquoi il a toujours la truffe narquoise et le groin suffisant.

24 JUILLET

25
JUILLET

1978

NAISSANCE DU PREMIER BÉBÉ-ÉPROUVETTE EN GRANDE-BRETAGNE

Les enfants, contrairement à l'homme ou aux animaux,
ne se reproduisent pas. Pour avoir un bébé, il est
nécessaire de croire à cette histoire de petite graine.
Malheureusement, les enfants n'y croient pas tellement.
À force de voir jouer les animaux dans l'herbe aux heures
de bureau, ils s'imaginent, dans leur petite tête
pas encore éveillée à l'intelligence, qu'il faut des zézettes
et des foufounettes pour faire des bébés.

1938
NAISSANCE DE BORIS CYRULNIK

On a beau savoir pertinemment que la méthode
d'investigation psychomerdique élucubrée par le pauvre
Sigmund n'est pas plus une science exacte que la méthode
du professeur Comédon pour perdre trente kilos
par semaine tout en mangeant du cassoulet,
ça ne fait rien, la psychanalyse, c'est comme la gauche
ou la jupe à mi-cuisse, c'est ce qui se fait maintenant
chez les gens de goût.

JUILLET

27 JUILLET

1794
ARRESTATION DE ROBESPIERRE

Un ami royaliste me faisait récemment remarquer que la démocratie était la pire des dictatures parce qu'elle est la dictature exercée par le plus grand nombre sur la minorité. Réfléchissez une seconde : ce n'est pas idiot. Pensez-y avant de reprendre inconsidérément la Bastille.

Pointe d'optimisme

Pour peu que l'homme en vacances en Corse sous un olivier se mette, par routine amusée, à lancer au midi ses miettes au rouge-gorge effronté, il arrive qu'à la fin de juillet, quand bien même le pain viendrait à manquer, l'oiseau profite de l'heure de la sieste en chaise longue pour se poser doucement sur le bras de cet homme endormi afin de lui prodiguer, malhabile et l'œil creux tout brillant, dodelinant fragile, une gratitude maladroite et qui vous serre le cœur. C'est une preuve que l'amour est parfois frissonnant entre poils et plumes et que tout n'est pas mort.

28
JUILLET

29
JUILLET

1981
MARIAGE DE LADY DI ET DE CHARLES

Afin de mettre toutes les chances de votre côté
pour que votre voyage de noces soit un succès total
sur le plan touristique, sentimental et sexuel,
la première chose à faire est de partir SEUL.
En effet – et sur ce point les plus grands spécialistes
mondiaux des problèmes du couple sont d'accord –,
il est indispensable, pour assurer la pérennité et la réussite
d'un mariage, que chacun des deux époux sache se garder
un jardin secret, un petit coin de vie autonome où l'autre
n'a pas accès, afin d'éviter le dangereux piège de l'habitude
où s'ensablent à tout jamais trop d'idylles conjugales
pourtant bien commencées sous le double signe
de la tendresse et des guili-guili tout-partout.

Journée internationale de l'amitié

30
JUILLET

Comment reconnaître l'amour de l'amitié ?
Laissons face à face deux personnes nues de sexe opposé
dans une chambre tendue de velours rouge, avec des glaces
au plafond, de la moquette angora par terre, du champagne
dans un seau d'argent et du blues en sourdine.
Si, au bout d'un quart d'heure, une des deux personnes
s'exclame : « C'est con. Si on serait trois, on pourrait faire
une belote », on ne peut pas parler d'amour. C'est l'amitié.

31
JUILLET

1914
ASSASSINAT DE JEAN JAURÈS

D'une constitution physique très robuste, Jean Jaurès,
selon son médecin personnel, était bâti pour vivre
cent cinquante ans. Mais Dieu, dans son infinie sagesse,
ne voulut pas que cet homme de bien connût
le déshonneur de voir les néo-socialistes au pouvoir
en France dans les années quatre-vingt.
Aussi le fit-il assassiner en son temps par un imbécile
extatique très attaché aux idéaux guerriers.

AOÛT

Août est vulgaire. Transparents et mous, les méduses et les banlieusards échoués s'y racornissent sur le sable dans un brouhaha glapissant de congés payés agglutinés.
Août pue la frite et l'aisselle grasses. En août, le pauvre en caleçon laid, mains sur les hanches face à la mer, l'œil vide et désemparé, n'ose pas penser qu'il s'emmerde. De peur que l'omniprésence de sa femelle indélébile, de sa bouée canard grotesque et de son chien approximatif ne lui fasse douter de l'opportunité du Front populaire.

01

A O Û T

1774

DÉCOUVERTE DE L'OXYGÈNE PAR LE CHIMISTE ANGLAIS JOSEPH PRIESTLEY

De même qu'il ne peut pas vivre sans oxygène,
l'homme ne peut pas vivre sans femme.
L'oxygène permet à l'homme de respirer un coup.
La femme permet à l'homme de tirer un trait sur son
adolescence, pour fonder enfin une famille d'où naîtront
bientôt les merveilleux enfants du monde qui grandiront
dans la joie avant de périr sous les bombes
thermonucléaires dans une dizaine d'années au plus tard.

1589
Mort d'Henri III

Si quelqu'un ne voit pas
le rapport entre Aragon
et Henri III qu'il nous écrive :
il a gagné un bilboquet !

02
AOÛT

03
AOÛT

1914

**L'ALLEMAGNE DÉCLARE LA GUERRE
À LA FRANCE**

À la guerre, l'ennemi est très important, pour ne pas dire irremplaçable. C'est même l'élément le plus totalement irremplaçable de la guerre.

1789
Abolition des privilèges et des droits féodaux

« Les hommes naissent libres et égaux en droits. »
Qu'on me pardonne,
mais c'est une phrase que j'ai
beaucoup de mal à dire sans rire.

04
AOÛT

05
AOÛT

1962
MORT DE MARILYN MONROE

D'après une étude approfondie
et effectuée récemment par mes soins
auprès des familiers du
Tout-Hollywood des années soixante,
je suis en mesure d'affirmer
aujourd'hui que même Marilyn
Monroe, aussi surprenant que cela
paraisse, même Marilyn Monroe faisait
pipi... Étonnant, non ?

1945
EXPLOSION DE LA BOMBE H À HIROSHIMA

« Vous pensez bien, ma chère, que si j'avais pu me douter
qu'on utiliserait mes travaux sur l'atome à des fins
militaires, j'aurais fait de la broderie plutôt que
de la recherche », gémissait Robert Oppenheimer.
Et qu'est-ce qu'il croyait, le bougre ?
Que l'énergie nucléaire, c'était seulement destiné
à éclairer les salles de bains ?
Le fait est que le 6 août 1945 à 6 heures du matin,
il faisait clair dans les baignoires, à Hiroshima.

06
AOÛT

07
AOÛT

**JOURNÉE INTERNATIONALE
DE L'ÉDUCATION**

Pourquoi, Dieu me tripote, faut-il toujours-z-et-encore que, siècle après siècle, civilisation après civilisation, se répète inlassablement le terrible adage qui nous enseigne que le plus court chemin de la barbarie à la décadence passe toujours par la civilisation ?

JOURNÉE INTERNATIONALE DU CHAT

Indépendance et fierté, le chat n'est que noblesse. Particulièrement les persans car les persans se prennent tous pour LE chat. J'ai su tempérer la sublime arrogance du mien : je lui ai coupé la queue et je l'ai tondu comme un caniche (la fraise et les pattes à pompons), et je le fais dormir dans le frigo, pour lui raidir un peu la démarche.

Il y a gagné en humilité ce qu'il a perdu en grâce. Depuis que le berger allemand le sodomise dans sa sciure, Sa Majesté féline a la couronne un peu penchée...

08
AOÛT

09
AOÛT

JOURNÉE INTERNATIONALE DES POPULATIONS AUTOCHTONES

Les Esquimaux du Grand Nord canadien sont tellement pourris par la civilisation qu'on est maintenant obligé de leur donner des cours du soir pour leur apprendre à construire des igloos. Et quand ils ont fini d'en bâtir un, ils remontent bien vite dans leur petite HLM, pour regarder la télé en attendant que ça fonde.

ÉLÉGANCE

Vivre la ville en août, vivre la mer en juin c'est l'ultime aristocratie et la rare élégance de l'estivant hexagonal.

10
AOÛT

11
AOÛT

FAIT DIVERS

La route qui tue :
Encore un camion fou
à Fresnes. Freine ! Freine !
Mais FREINE !!!

**JOURNÉE INTERNATIONALE
DE LA JEUNESSE**

La jeunesse, toutes les jeunesses
sont le temps kafkaïen où la larve
humiliée, couchée sur le dos,
n'a pas plus de raison de ramener
sa fraise que de chances de se remettre
toute seule sur ses pattes.
Autant que la vôtre,
je renie la mienne.
L'humanité est un cafard.
La jeunesse est son ver blanc.

12
AOÛT

13
AOÛT

JOURNÉE NATIONALE DES GAUCHERS

Je suis gaucher contrariant.
C'est plus fort que moi, il faut
que j'emmerde les droitiers.

VEILLE DE L'ASSOMPTION

Le 15 août, fête de
l'Assomption, est le jour où la
Sainte Vierge monte au ciel.
Quand le temps est clair,
nous dit l'Évangile,
on y voit sa culotte.

14
AOÛT

15

AOÛT

L'Assomption

Chaque année, le 15 août, la Vierge
Marie, dont nous aurons relevé
les singularités gynécologiques,
pond un œuf. C'est le pondu-15 août.
Les protestants, qui ne croient pas
au dogme de la Vierge, ont longtemps
marqué leur hostilité à cette croyance
en allant chez leur belle-mère
le jour de l'Assomption.

Vieux dicton

Qui baise en août
pond en mai.

16
AOÛT

17
AOÛT

SAVOIR-FAIRE DIVIN
DANS LE RÈGNE VÉGÉTAL

Le rouge de la tomate a la flamboyance assassine des couchers de soleil d'Istanbul. Je chante ici l'émouvance absolue du satin lumineux de sa peau transparente, impeccablement tendue sur les rondeurs de sa chair dense et tiède comme les joues des enfants, ferme et dure comme les fesses encore épargnées des lycéennes de 1ère B de l'Institut catholique de la rue d'Assas à Paris, dans le VIe, en dessous de la Fnac Montparnasse, juste en face du marchand d'imperméables.

Sainte-Hélène

Les Hélène sont généralement fières, hardies, dures au chagrin mais fragiles au fond, pimpantes, égales d'humeur, indispensables.

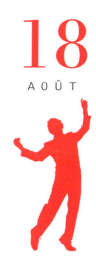

18
AOÛT

19

AOÛT

JOURNÉE MONDIALE DE LA PHOTOGRAPHIE

On n'est pas obligé de tirer...
le portrait... on n'est pas obligé
de photographier que des chèvres.
Personnellement, je préfère
photographier des militaires.
C'est moins con qu'une chèvre.
C'est vrai ; à un militaire vous dites :
« Ne bougeons plus », il ne bouge plus.
Alors que je connais des chèvres
qui se débattent.

Congés payés

La plage est belle et le sable est fin. De mi-juillet à la fin août, l'ouvrier parisien, debout dans son caleçon coloré, les mains sur les hanches et tourné vers le large, se demande ce qu'il fait là. Il a le nez flamboyant au noroît, le cheveu qui moutonne à la brise, le regard étal, et l'humour à marée basse sous le flot montant des jacasseries balnéaires de sa belle-mère toujours recommencée.

20 AOÛT

21
AOÛT

1967
NAISSANCE DE STÉPHANE CHARBONNIER,
DIT CHARB

L'humour, c'est le droit d'être imprudent, d'avoir le courage de déplaire, la permission absolue d'être imprudent.

DILEMME

Un beau jour, on entame une partie de pétanque avec des copains, sous les platanes bruissants d'étourneaux, l'air sent l'herbe chaude et l'anis, et les enfants jouent nus, et la nuit sera gaie, avec de l'amour et des guitares, et puis voici que tu te baisses pour ajuster ton tir, et clac, cette artère à la con te pète sous la tempe, et tu meurs en bermuda. Et c'est là, mon frère, que je pose la question : à qui est le point ?

22
AOÛT

23
AOÛT

JOURNÉE INTERNATIONALE DU SOUVENIR DE LA TRAITE NÉGRIÈRE ET DE SON ABOLITION

Je ne suis pas raciste. Certes, je ne donnerais pas ma fille à un nègre. Mais je donnerais encore moins mon nègre à ma fille, parce que c'est moi qui l'ai vu le premier, y a pas de raison.

1572
SAINT-BARTHÉLEMY

La religion est une défense naturelle qui permet à ceux qui la possèdent de supporter relativement bien la vie en s'auto-suggérant qu'elle a un sens et qu'ils sont immortels.

24
AOÛT

25
AOÛT

1984
MORT DE TRUMAN CAPOTE

Le 25 août 1984,
Truman capote.

1789
ADOPTION DE LA DÉCLARATION DES DROITS DE L'HOMME

La beauté. Existe-t-il au monde un privilège plus totalement exorbitant que la beauté ? Par sa beauté, cette femme n'est-elle pas un petit peu plus libre et un petit peu plus égale, dans le grand combat pour survivre, que la moyenne des *Homo sapiens*, qui passent leur vie à se courir après la queue en attendant la mort ? Quel profond imbécile aurait l'outrecuidance de soutenir, au nom des grands principes révolutionnaires, qu'un immonde boudin trapu possède les mêmes armes pour asseoir son bonheur terrestre qu'une grande fille aux mille charmes troubles où l'œil se pose et chancelle avec une bienveillante lubricité contenue ? (Difficilement contenue.)

26
AOÛT

27

AOÛT

Dernières volontés

Je pense que ce serait bien que je vous fasse part de mes dernières volontés. D'ores et déjà, j'ai décidé de faire don de mes abats à la science. S'il reste des morceaux de viande après ces prélèvements, je souhaite vivement qu'ils soient jetés dans un sac-poubelle, si possible bleu, ça me rappellera mes vacances à Corfou.

430
MORT DE SAINT AUGUSTIN

Saint Augustin est le véritable fondateur de la vie cénobitique, à travers laquelle les moines ont prouvé au monde que seule une vie sans femme pouvait permettre à l'homme de toucher Dieu ! Car en vérité, je vous le dis, l'inutilité fondamentale de la femelle ne fut jamais démontrée de façon aussi éclatante que par les moines cénobites, et nous les secouerons tout seuls… les jougs du féminisme à poils durs qui veulent nous faire pisser Lénine. Lécher les plines… Plier l'échine.

28
AOÛT

29 AOÛT

JOURNÉE INTERNATIONALE CONTRE LES ESSAIS NUCLÉAIRES

En dehors des militaires américains de la base de Keflavik, qui font briller leurs bombes thermonucléaires avec un chiffon de soie en espérant sans trop y croire le déclenchement de la Troisième, seuls quelques mordus de la pêche à la morue se risquent à passer leurs vacances en Islande.

JOURNÉE INTERNATIONALE DES VICTIMES DE DISPARITION FORCÉE

J'aime bien les histoires qui finissent mal. Ce sont les plus belles car ce sont celles qui ressemblent le plus à la vie.

30 AOÛT

JOURNÉE MONDIALE DU BLOG

31 AOÛT

Cette Seconde Guerre mondiale, les jeunes d'aujourd'hui, plutôt branchés sur l'imminence de la Troisième, ont tendance à l'oublier. Cherchant l'autre jour à capter France Musique, en tournant en vain l'aiguille de mon transistor dans la botte de foin des radios libres, je tombai par hasard sur deux péronnelles à peine réglées, à en juger par le timbre juvénile de leur crécelle, qui jouaient à faire un débat sur le thème de la drôle de guerre. « Ah ben moi, disait l'une, qu'est-ce que j'en ai à foutre que ça soye les Allemands ou que ça soye les Français qui-z-ont gagné la guerre. Nous, on est des jeunes et on a des problèmes des jeunes qui z'ont des problèmes... » Boudins ! Si c'étaient les Allemands qui l'avaient gagnée, aujourd'hui, vous seriez peut-être au Vel' d'Hiv en train de regarder trépigner le fils Goebbels. Sur le plan artistique, ça ne serait pas forcément nul. Aux galas nazis, si l'entrée est gratuite, c'est plus dur d'en sortir.

SEPTEMBRE

Comment ne pas claquer ces têtes à claques devant l'irréelle sérénité de la nullité intello-culturelle qui les nimbe ? Et s'ils n'étaient que nuls, incultes et creux, par la grâce d'un quart de siècle de crétinisme marxiste scolaire, renforcé par autant de diarrhéique démission parentale, passe encore. Mais le pire est qu'ils sont fiers de leur obscurantisme, ces minables. Ils sont fiers d'être cons.

01
SEPTEMBRE

1969
KADHAFI RENVERSE LE ROI IDRISS IER

Contrairement à la pupille
de la nation, la pupille de l'œil peut se
refermer sur elle-même ou s'agrandir
à tout moment, sans autorisation
spéciale des pouvoirs publics,
même dans les pays totalitaires.

RENTRÉE SCOLAIRE

Et puis quoi, qu'importe la culture ? Quand il a écrit *Hamlet*, Molière avait-il lu Rostand ? Non.

02
SEPTEMBRE

03
SEPTEMBRE

1859
NAISSANCE DE JEAN JAURÈS

En 1893, il adhère au socialisme
par conviction (authentique !),
et organise l'unité du parti socialiste
dont il devient le chef sans intriguer.
Il fonde *L'Humanité*, qui est alors
un journal de gauche.

1870
CHUTE DU SECOND EMPIRE ET PROCLAMATION DE LA IIIᵉ RÉPUBLIQUE

Convenez avec moi que ce mépris constitutionnel des minorités qui caractérise les régimes démocratiques peut surprendre le penseur humaniste qui sommeille chez tout cochon régicide. D'autant plus que, paradoxe, les intellectuels démocrates les plus sincères n'ont souvent plus d'autre but, quand ils font partie de la majorité élue, que d'essayer d'appartenir à une minorité.

04
SEPTEMBRE

05
SEPTEMBRE

1622

RICHELIEU, FONDATEUR DE L'ACADÉMIE FRANÇAISE, EST NOMMÉ CARDINAL

C'est en 1635 que Richelieu Drouot créa l'Académie française. Pourquoi ce nom d'Académie française ? C'est la question que tout le monde se pose sauf les académiciens français qui s'en foutent du moment qu'ils n'ont pas froid aux genoux et qu'ils peuvent brouter tranquillement leurs crayons sous leur pupitre.

JOURNÉE INTERNATIONALE DE SENSIBILISATION AUX VAUTOURS

On a observé des lions disputer aux vautours des restes de cadavres grouillants de vers, et repartir la queue basse en faisant « Kaï Kaï Kaï » pour un petit bout de bec dans le cul.

06
SEPTEMBRE

07
SEPTEMBRE

1923
CRÉATION D'INTERPOL

Pourquoi ? Pourquoi cette fausseté dans les rapports humains ? Pourquoi le mépris ? Pourquoi le dédain ? Où est Dieu ? Que fait la police ? Quand est-ce qu'on mange ?

Pouf, pouf

Ne mettez jamais moins de trois virgules au mètre carré de verbiage. Sans l'appui de la virgule, on peut mourir étouffé dans les sables mouvants d'une prose perfide et désertique que n'éclaire plus que le soleil blanc de l'inspiration poético-trouducale des vieux procureurs fourbus corrodés dans l'effluve éthylique d'un désespoir exsangue où se meurt la colère que brandit leur poing-virgule… dans l'effluve éthylique d'un désespoir exsangue où se meurt la colère que brandit leur poing-t-à-la-ligne. Ouf ça fait du bien.

08
SEPTEMBRE

09
SEPTEMBRE

1981
MORT DE JACQUES LACAN

Jacques Lacan nous a quittés, trop tard sans doute par rapport à l'immensité des conneries qu'il avait encore à dire, et peu de temps avant Brassens, ce qui prouve que c'est pas toujours les meilleurs qui partent les premiers. C'était notre rubrique : « Moquez-vous des morts, y peuvent pas se défendre. »

JOURNÉE MONDIALE DE PRÉVENTION DU SUICIDE

En temps de paix,
le kamikaze s'étiole.
Le suicide était le seul but
de son existence : maintenant
qu'il n'a plus de raison de mourir,
il n'a plus de raison de vivre.

10
SEPTEMBRE

11
SEPTEMBRE

JOURNÉE MONDIALE
DE LUTTE CONTRE LE TERRORISME

Le martyre,
c'est le seul moyen
de devenir célèbre
quand on n'a pas de talent.

JOURNÉE INTERNATIONALE DES NATIONS UNIES POUR LA COOPÉRATION SUD-SUD

Les hommes ne mangent pas de la même façon selon qu'ils vivent dans le Nord ou dans le Sud du monde. Dans le Nord du monde, ils se groupent autour d'une table. Ils mangent des sucres lourds et des animaux gras en s'appelant « cher ami », puis succombent étouffés dans leur graisse en disant « docteur, docteur ».
Dans le Sud du monde, ils sucent des cailloux ou des pattes de vautours morts et meurent aussi, tout secs et désolés, et penchés comme les roses qu'on oublie d'arroser.

12
SEPTEMBRE

13
SEPTEMBRE

SOYONS PRÉCIS

Pour lutter contre les inflammations des voies urinaires, il faut tremper les queues dans l'eau tiède additionnée de miel pendant une douzaine d'heures. Faire bouillir. Boire à jeun trois tasses par jour. (De cerises, les queues.)

JEAN-MARIE LE PEN DÉCLARE QUE LES CHAMBRES À GAZ SONT UN POINT DE DÉTAIL DE L'HISTOIRE

Peut-on rire de tout ?
Peut-on rire avec tout le monde ?
À la première question, je répondrai oui sans hésiter.
S'il est vrai que l'humour est la politesse du désespoir,
s'il est vrai que le rire, sacrilège blasphématoire que les
bigots de toutes les chapelles taxent de vulgarité et de
mauvais goût, s'il est vrai que ce rire-là peut parfois
désacraliser la bêtise, exorciser les chagrins véritables
et fustiger les angoisses mortelles, alors, oui,
on peut rire de tout, on doit rire de tout.
À la deuxième question, je répondrai : c'est dur...
Personnellement, il m'arrive de renâcler à l'idée d'inciter
mes zygomatiques à la tétanisation crispée. C'est quelquefois
au-dessus de mes forces, dans certains environnements humains :
la compagnie d'un stalinien pratiquant me met rarement en
joie. Près d'un terroriste hystérique, je pouffe à peine.

14
SEPTEMBRE

15
SEPTEMBRE

JOURNÉE INTERNATIONALE DE LA DÉMOCRATIE

L'heureux temps chanté par Brassens où les gens avaient à cœur de mourir plus haut que leur cul, eh bien, c'est un temps qui est révolu maintenant. On vit désormais dans une démocratie couchée, et il est naturel que les morts donnent l'exemple de l'humilité.

Journée internationale de la protection de la couche d'ozone

L'essence, c'est indispensable. Sans l'essence, ma propre femme, que j'aime par-dessus tout malgré ses doigts jaunes, ses poumons bitumés de nicotine et l'indestructible parfum de Gauloise froide qui stagne dans ses jolis cheveux auburn et me donne l'impression, aux heures de tendresse dans le noir, que je culbute un chauffeur routier tabagique, ma propre femme, dis-je, sait que l'essence est un besoin indispensable. Sans l'essence, sans la bagnole qui pue elle serait obligée de marcher, pour faire les trois cents mètres qui la séparent de son bureau de tabac ! Marcher ? C'est horrible, mais les clopes c'est indispensable pour bien se bitumer les bronches.

16
SEPTEMBRE

17
SEPTEMBRE

SAINT-RENAUD

Bernard-Henri Lévy pense juste et droit. Il estime qu'un peuple dont les maîtres à penser s'appellent Coluche ou Renaud est un peuple abêti. Et c'est vrai que quand le peuple écoute la voix simple et claire de ses enfants non agrégés, ça finit par nous foutre la pagaille. D'ailleurs ce n'est pas moi qui soutiendrais le contraire, Gavroche était un con.

1981
ABOLITION DE LA PEINE DE MORT

J'ai quelque honte à l'avouer, mais je suis pour le rétablissement de la peine de mort pour les casse-bonbons qui vous coincent sur le trottoir ou au téléphone avec rien d'autre à dire que ces banalités trouducutoires concernant leur tension qui remonte ou leur thermomètre qui redescend.

18
SEPTEMBRE

19
SEPTEMBRE

JOURNÉE INTERNATIONALE DU PARLER PIRATE

« Faut pas me prendre pour un bleu. »

RACKHAM-LE-ROUGE

**JOURNÉE INTERNATIONALE
DE LA LIBERTÉ**

Le peuple populaire indécrottable et meuglant, aux yeux soufflés cholestériques éperdus de voyeurisme sale, le peuple si massif et si peu aérien, et si naïf aussi, le peuple définitif qui croit vraiment que c'est lui qui a pris la Bastille et gagné à Verdun.

20
SEPTEMBRE

21
SEPTEMBRE

JOURNÉE INTERNATIONALE DE LA PAIX

La guerre, ne l'oublions pas, la guerre est faite par des gens qui ne se connaissent pas et qui s'entre-tuent, pour le compte de gens qui se connaissent mais qui ne s'entre-tuent pas.

Figeac 71

Mon saint-émilion préféré. Introuvable. Sublime. Rouge et doré comme peu de couchers de soleil. Profond comme un *la* mineur de contrebasse. Éclatant en orgasme au soleil. Plus long en bouche qu'un final de Verdi. Un vin si grand que Dieu existe à sa seule vue.

22 SEPTEMBRE

23
SEPTEMBRE

JOURNÉE DE LA BISEXUALITÉ

Je m'demande
si je suis pas un peu obsédé.
Remarquez, j'ai de qui tenir.
Mon père est bisexuel.
Ma mère est trisexuelle.
J'ai un oncle octosexuel.
Et mon chat a neuf queues.

1890
LES MORMONS RENONCENT OFFICIELLEMENT À LA POLYGAMIE

Je me suis fait auprès de ma femme une solide réputation de monogame.

24 SEPTEMBRE

25
SEPTEMBRE

1991
DÉCÈS DE KLAUS BARBIE

En un mot comme en cent,
chers habitants hilares de ce monde
cosmopolite, je répéterai
inlassablement qu'il faut mieux rire
d'Auschwitz avec un juif que de jouer
au Scrabble avec Klaus Barbie.

JOURNÉE MONDIALE DE LA CONTRACEPTION

Ce qu'il faudrait, c'est rendre obligatoire la contraception pour tout le monde. Mais les gens ne sont pas mûrs. Ils forniquent à tire-larigot sans même penser qu'ils risquent à tout moment de se reproduire, contribuant ainsi à l'extension de l'épidémie de vie qui frappe le monde depuis des lustres.

26
SEPTEMBRE

27
SEPTEMBRE

JOURNÉE MONDIALE DU TOURISME

– Ou kilé li misée di Lôvre ?
– Gynécée pas.

1895
MORT DE PASTEUR
JOURNÉE MONDIALE DE LA RAGE

Contrairement à la rage,
le nazisme n'est pas remboursé
par la Sécurité sociale.
Il est pourtant contagieux.

28
SEPTEMBRE

29
SEPTEMBRE

1902
MORT DE ZOLA

La littérature
est à la civilisation ce que
la queue est à la casserole :
quand il n'y en a pas,
l'homme a l'air con.

JOURNÉE MONDIALE DE LA TRADUCTION

Le travail de Vialatte sur les textes de Kafka
ne relève pas seulement de la simple traduction,
c'est la même musique et la même chanson, et c'est normal
car ces deux hommes étaient infiniment semblables,
éblouissants d'intelligence, pétris du même humour
sombre, l'un et l'autre perpétuellement en état de réaction
lucide contre l'absurdité fondamentale des guichetiers
infernaux de l'administration des âmes.
Vialatte avait le désespoir plus souriant,
Kafka la dérision plus maladive, mais ces deux-là
suivaient le même chemin.

30 SEPTEMBRE

OCTOBRE

Je nous revois, dégustant de moelleux bolets noirs en célébrant l'automne, romantiques et graves, d'une gravité d'amants crépusculaires.

01
OCTOBRE

JOURNÉE INTERNATIONALE DES PERSONNES ÂGÉES

La sénilité n'est pas une maladie contagieuse, mais elle peut néanmoins avoir des retombées néfastes pour l'entourage, notamment quand le vieillard sénile dispose d'un armement thermonucléaire important.

JOURNÉE INTERNATIONALE DE LA NON-VIOLENCE

Êtes-vous de ces pacifistes bardés de grenades et de bons sentiments prêts à éventrer quiconque n'est pas pour la non-violence ?

02
OCTOBRE

03
OCTOBRE

1897
NAISSANCE DE LOUIS ARAGON

Comme disait Jean-Paul Sartre en sortant du lit d'Elsa Triolet : « C'est pas que je m'emmerde, mais il est tard ! » Moi, je dirais plutôt comme Elsa Triolet sortant du lit d'Aragon : « C'est pas qu'il est tard, mais je m'emmerde ! »

JOURNÉE MONDIALE DES ANIMAUX

Tous les animaux sont utiles à l'homme, parce qu'ils nous aiment, nous gardent et qu'on les bouffe.

04
OCTOBRE

05
OCTOBRE

JOURNÉE MONDIALE DES ENSEIGNANTES ET DES ENSEIGNANTS

C'est le malaise des jeunes qui les opprime ces poussins, c'est ça, pas autre chose : c'est la faute au malaise des jeunes si, après trois années de fac et sept ans de lycée, ils croient encore que le Montherlant est un glacier alpin, Boris Vian un dissident soviétique, et Sartre le chef-lieu de la rillette du Mans. C'est la faute au malaise de la jeunesse si tous ces jeunes tordus séniles précoces n'ont retenu de Jules Renard que les initiales : J. R.

1789

LOUIS XVI S'ENFUIT
DU CHÂTEAU DE VERSAILLES

Je manifeste toujours tout seul.
Au reste, mes idées sont trop originales
pour susciter l'adhésion des masses
bêlantes ataviquement acquises aux
promiscuités transpirantes et
braillardes inhérentes à la vulgarité
du régime démocratique imposé
chez nous depuis deux siècles
par la canaille régicide.

06

OCTOBRE

07 OCTOBRE

JOURNÉE MONDIALE D'ACTION POUR LE TRAVAIL DÉCENT

La déférence du subordonné trouve sa récompense dans la bienveillance du chef, et c'est quand le parvenu lui tapote la joue que le lèche-cul frise l'orgasme.

JOURNÉE MONDIALE POUR LA VUE

L'œil est un outil merveilleux.
C'est grâce à lui que l'homme peut,
en un instant, reconnaître à coup sûr
une langoustine d'un autobus, ce qui
lui confère évidemment un immense
sentiment de puissance sur la nature.
La preuve en est qu'un homme privé
de ses yeux se met instantanément
à raser les murs honteusement.

08
OCTOBRE

09
OCTOBRE

1907
NAISSANCE DE JACQUES TATI

Ah dites donc, les argentiers, ho ! Les producteurs, vous qui geignez à fendre l'âme sur le grand désert de la pensée comique cinématographique française, vous l'avez bien laissé crever, Tati. Vous l'avez vu s'étioler sans rien dire depuis quinze ans, vous les requins sous-doués qui nous faites ramer les zygomatiques de film en film avec vos consternantes bidasseries franchouillardes de merde pour hypo-crétins demeurés avec un quotient intellectuel si bas qu'il fait l'humilité, avec un « ciel mon mari » si con qu'il faut lui pardonner, avec la mère Denis pour dernier terrain vague... attention, ça dérape, je vais encore me ramasser à la sortie d'une virgule en épingle à cheveux. Stop !

JOURNÉE MONDIALE DE LA MALADIE MENTALE

Un psychotique, c'est quelqu'un qui croit dur comme fer
que 2 et 2 font 5, et qui en est pleinement satisfait.
Un névrosé, c'est quelqu'un qui sait pertinemment
que 2 et 2 font 4, et ça le rend malade.
Eh bien moi, qui suis à la fois psychotique et névrosé,
je suis tour à tour très content que 2 et 2 fassent 4,
ou déçu, terriblement déçu, que 2 et 2 fassent 5.
Un jour je me réjouis que les quadrilatères aient quatre
côtés, le lendemain je me désole à l'idée que les triangles
n'en ont que deux.

10

OCTOBRE

11
OCTOBRE

JOURNÉE INTERNATIONALE DE LA FILLE

Un ultime état de grâce enfantine nourri d'obscénité tranquille et d'impudeur insolente vient aux adolescentes à l'heure trouble des premiers frissons du ventre.

JOURNÉE DE LA PRÉVENTION DES CATASTROPHES NATURELLES

Le super-épicier américain Jack Chase vend, en gros, des aliments synthétiques compressés, concentrés, condensés, déshydratés, dont l'utilité n'échapperait à personne en cas de catastrophe naturelle ou atomique. Son slogan : « Il ne pleuvait pas quand Noé a construit l'arche ! »

12
OCTOBRE

13 OCTOBRE

1925
NAISSANCE DE MARGARET THATCHER

Le chef des Anglais s'appelle
Madame de Fer. De même que
Madame Polystyrène est expansée,
Madame de Fer est inflexible.
Elle ne bouge pas,
elle ne plie pas, ne cille pas.
Même quand son mari la besogne,
Madame de Fer ne bouge pas.

JOURNÉE MONDIALE POUR LA NORMALISATION

Il se dessine de façon tangible,
dans votre génération qui monte,
mon camarade, une espèce d'ambition
glacée d'arriver par le fric et un
mépris cynique de tous les idéaux,
assez peu compatible avec l'idée
qu'on se fait de la jeunesse éternelle
génératrice de fougues irréfléchies
et de colères gratuites.

14
OCTOBRE

15
OCTOBRE

**JOURNÉE INTERNATIONALE
DE LA CANNE BLANCHE**

« À trop regarder
tomber les aveugles,
le sourd oublie
sa peine. »

Jésus-C., *Footing en Palestine*

**JOURNÉE MONDIALE
DE L'ALIMENTATION**

Il faut manger pour vivre et
non pas vivre pour manger.
De même qu'il faut boire pour
vivre et non pas vivre sans
boire, sinon c'est dégueulasse.

16

OCTOBRE

17

OCTOBRE

JOURNÉE INTERNATIONALE POUR L'ÉLIMINATION DE LA PAUVRETÉ

On n'appelle pas n'importe qui « Altesse sérénissime ».
De la hauteur et de la sérénité, il y en a chez l'abbé Pierre,
chez les basanés qui marchent contre les cons grand teint.
De la hauteur et de la sérénité, il y en a chez Mère Teresa,
et même chez le militant transi qui croit
en l'humanité le dimanche...
L'altesse et la sérénité, la majesté, en un mot ça n'est pas
héréditaire, mon camarade, ça ne s'attrape pas au lit
comme la vérole ou le droit d'aînesse.
Ça vient du cœur des gens. C'est une élégance qu'on
n'achète pas chez Pierre Cardin.

JOURNÉE MONDIALE DE LA MÉNOPAUSE

La femme que j'aime n'est pas celle que je croyais. Ou bien elle ne l'est plus. Quelque chose a changé dans son comportement. Par exemple, elle prend du plaisir à jouer au golf alors que je n'y joue pas moi-même.

18
OCTOBRE

19
OCTOBRE

1959
PREMIÈRE ÉMISSION DE
SALUT LES COPAINS SUR EUROPE 1

J'en ai marre des chanteurs.
Qu'est-ce que vous avez tous à chanter dans le poste ?
Pourquoi ne faites-vous pas de la peinture ?
Même si vous n'êtes pas plus doué pour mélanger les couleurs que pour faire bouillir les bons sentiments, au moins, la peinture, ça ne fait pas de bruit.
Vous n'imaginez pas, chers chanteurs, le nombre incroyable de gens, en France, qui n'en ont rien à secouer, de la chanson et des chanteurs.
Allez, soyez sympa. Faites de la peinture.
Ah ! Dieu m'étreigne, si tous les chanteurs du monde voulaient bien se donner le pinceau.

JOURNÉE INTERNATIONALE DES CUISINIERS

Entre une mauvaise cuisinière
et une empoisonneuse, il n'y a qu'une
différence d'intention.

20
OCTOBRE

21 OCTOBRE

1680
LOUIS XIV CRÉE LA COMÉDIE-FRANÇAISE

L'auteur-interprète ne cessera d'afficher un mépris assez surprenant pour ce merveilleux métier de saltimbanque qui permet à l'homme de laisser éclater enfin l'éblouissante créativité fantasmatique de son ego profond, trop souvent engourdi dans les méandres sournois d'un quotidien démobilisateur dont on ne saurait taire plus longtemps l'infinie détresse.

1964
JEAN-PAUL SARTRE REFUSE
LE PRIX NOBEL

La presse française, unanimement, a déploré les lourdes
pertes pour l'esprit et le talent de ce pays qu'ont été les
disparitions presque simultanées de Simone de Beauvoir et
Jean Genet, six ans après Sartre. On regrettera longtemps
ces écrivains mineurs qui ont couché leurs plus belles
pages à la terrasse du Flore pendant que les cons faisaient
de la Résistance. Et qui n'hésitèrent pas, à leur tour,
à prendre le maquis dès 1946.

22
OCTOBRE

23

OCTOBRE

1983
DOUBLE ATTENTAT À BEYROUTH

Le judaïsme est la religion des juifs, fondée sur la croyance en un Dieu unique, ce qui la distingue de la religion chrétienne, qui s'appuie sur la foi en un seul Dieu, et plus encore de la religion musulmane, résolument monothéiste.

JOURNÉES DES NATIONS UNIES

La commission spéciale des Nations unies, qui a siégé de longues semaines pour définir le mot « agression », a adopté à l'unanimité un rapport édifiant. Ce texte demande que l'assemblée veuille bien reporter l'examen de cet important sujet à l'année prochaine. Autrement dit, les messieurs de l'ONU ne savent toujours pas ce qu'est une agression.

24
OCTOBRE

25
OCTOBRE

SOMBRE MÉLANCOLIE

La mélancolie, dont le poète a dit qu'elle était le bonheur des tristes, n'est plus de mise en face des écrans blêmes sur guéridon où nous tentons en vain de nous réchauffer l'âme en frottant nos sensibilités polaires aux cardiogrammes plats des feuilletons mort-nés de nos soirs halogènes.

Journée mondiale des pâtes

Des milliers de gourmets et gourmands italiens sont allés, déguster des spaghettis devant le plus grand fast-food McDonald's de Rome pour y crier haut et fort leur légitime indignation devant la prolifération des cantines à cons pressés, en deux mots et en deux tranches de pain mou avec un pneu haché au milieu.
Il m'a semblé que cette façon originale de manifester dans la rue, en utilisant l'humour comme arme, rénovait totalement et bien heureusement un genre de spectacle urbain sur le point de tomber en désuétude.

26
OCTOBRE

27

OCTOBRE

JOURNÉE MONDIALE DU PATRIMOINE AUDIOVISUEL

La télévision, d'État ou pas, c'est quand Lubitsch, Mozart, René Char, Reiser, ou n'importe quoi d'autre qu'on puisse soupçonner d'intelligence, sont reportés à la minuit pour que la majorité puisse s'émerveiller dès 20 h 30, en rotant son fromage du soir, sur le spectacle irréel d'un béat trentenaire figé dans un sourire définitif de figue éclatée, et offrant des automobiles clé en main à des pauvresses arthritiques sans défense et dépourvues de permis de conduire.

JOURNÉE INTERNATIONALE DE LA LANGUE ET DE LA CULTURE CRÉOLES

La culture, c'est comme l'amour. Il faut y aller à petits coups au début pour bien en jouir plus tard.

28
OCTOBRE

29 OCTOBRE

1981
MORT DE BRASSENS

Ce n'est pas parce que Julio Iglesias a survécu à Brassens qu'il faut se mettre soudain à douter de l'existence de Dieu.

ANNÉES FOLLES

Les années ne sont plus folles.
Plus de peintres à la Coupole.
Des cadres.

30
OCTOBRE

31
OCTOBRE

JOURNÉE MONDIALE DE L'ÉPARGNE

Après trois mois d'un labeur intensif et l'épuisement d'une centaine d'hypothèses, les enquêteurs d'une société d'étude de marché new-yorkaise ont fini par trouver que si 75 % des Américains ne mettaient pas leurs économies à la banque, c'est qu'ils n'en avaient pas.

NOVEMBRE

Frisquette en novembre,
bistouquette en pente.

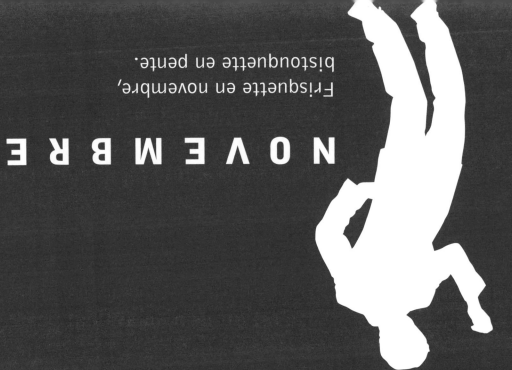

01 NOVEMBRE

TOUSSAINT

Dieu est mort, il va falloir nous y habituer. Hélas. Sans Dieu, je prévois le pire. Dans un monde sans Dieu, les hommes vont avoir à supporter les pires épreuves : les bombes à neutrons, les cancers du poumon, les femmes infidèles, les impôts, la famine dans le Tiers-Monde, l'augmentation du prix du caviar chez Petrossian, et au bout de tout ça, la mort.

JOURNÉE MONDIALE POUR LE DROIT DE MOURIR DANS LA DIGNITÉ

La mort est la chose la plus extraordinairement amusante du monde, puisqu'elle atteint dans l'absurde des sommes inaccessibles à tous les autres avatars de la condition humaine.

02
NOVEMBRE

03
NOVEMBRE

1996
MORT DE BOKASSA

Bokassa ne laissera à la postérité que deux ou trois recettes de cuisine, dont le lieutenant-colonel Melba et le chef de cabinet sauce gribiche.
Vous prenez un bon chef de cabinet. Comptez un chef de cabinet pour vingt personnes. L'œil doit être vif, le cuissot dodu. N'oubliez pas d'ôter le fiel, le gésier, le cœur qui généralement est gonflé d'espérances ministérielles indigestes, et les premiers duvets qui poussent généralement au cul des sortants des écoles nationales d'administration, avant de devenir ces magnifiques queues de paon qu'on peut admirer chez nous un peu partout de l'Élysée au Lido.

1995

MORT DE GILLES DELEUZE

Le philosophe, malgré une recherche
poussée des causes et des effets du
rire, en a malheureusement oublié
la plus noble conquête : le pognon.
En effet, le rire n'est jamais gratuit :
l'homme donne à pleurer,
mais il prête à rire.

04

NOVEMBRE

05
NOVEMBRE

1983
MORT DE JEAN-MARC REISER

Chez Reiser, dans son œuvre impie, le cynisme et la trivialité graveleuse le disputent à l'ineptie pathologique d'un monde fantasmagorique répugnant, qui se gausse des plus sombres misères humaines et souille, dans le même bain de fange nauséeuse et d'inextinguible haine, Dieu, les anciens combattants, les syndicats, l'Église, les déportés, les congés payés, la SPA et la bombe atomique.

JOURNÉE INTERNATIONALE POUR LA PRÉSERVATION DE L'ENVIRONNEMENT EN TEMPS DE GUERRE

Les études de nos satellites espions nous ont révélé que, malgré les prédations des hordes sauvages de bulldozers xyphophages hystériques, il y a encore des arbres à caoutchouc sur cette planète.

06
NOVEMBRE

07
NOVEMBRE

JOURNÉE INTERNATIONALE DE L'ÉCRIVAIN AFRICAIN

Tout le monde connaît la triste histoire de ce poète africain lisant au fronton d'une pharmacie HOMÉOPATHIE, et s'écriant alors : « Ah, homéopathie ! Pauv' Juliette. »

JOURNÉE INTERNATIONALE
DE LA RADIOLOGIE

Ainsi caracolais-je de radioscope ordinaire en médecin
communal, par un matin d'automne époustouflant
d'insignifiance où m'agaçait un point de côté.
C'était pas un point de côté, c'était un cancer de biais.
Y avait à mon insu, sous-jacent à mon flanc,
squattérisant mes bronches, comme un crabe affamé
qui me broutait le poumon.
Le soir même, chez l'écailler du coin, j'ai bouffé
un tourteau. Ça nous fait un partout.

08
NOVEMBRE

09 NOVEMBRE

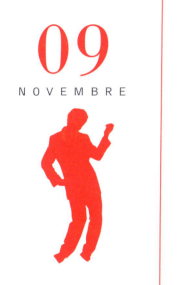

1991
MORT D'YVES MONTAND

La situation d'un communiste évincé est intolérable dans la mesure où elle le met brusquement en état de manque. Privé de son parti, le communiste s'étiole, se racornit, tremble des pieds à la tête et grimpe aux rideaux en poussant des cris stridents tels que : « Georges, oh, Georges, reprends-moi ! », sans préciser s'il s'agit de Marchais ou de Wolinski.

JOURNÉE MONDIALE DE LA SCIENCE AU SERVICE DE LA PAIX ET DU DÉVELOPPEMENT

Si tant est qu'on doive le respect au savant, dans un monde sans morale, j'aurais toujours plus de respect pour les enculeurs de mouches que pour les inventeurs de bombes à neutrons.

10
NOVEMBRE

11
NOVEMBRE

1918
Armistice

En 1914 (tiens, 14-18 : ça, c'est de la guerre),
les jeunes soldats français croyaient dur comme fer
que les Allemands avaient les pieds crochus, sentaient
le purin, et qu'ils n'arrêtaient de boire de la bière que
pour venir jusque dans nos bras égorger nos filles et
nos compagnes. Grâce à quoi, à cette époque, les jeunes
Français avaient les cheveux courts et ne fumaient pas
des saloperies que la morale réprouve.
D'accord, ils sont morts, mais les cheveux courts !

SAINT-CHRISTIAN

Je connais un adolescent tellement inculte qu'il ne sait même pas se masturber. Il se doute confusément qu'il faut secouer quelque chose, mais il ne sait pas vraiment quoi...
L'autre soir, je l'ai surpris en train de se masser conjointement le triceps et le coaxo-brachial. Je lui ai dit :
– Vous avez froid, Christian ?
– Non, non ! je me branle.

12

NOVEMBRE

13 NOVEMBRE

JOURNÉE MONDIALE DE LA GENTILLESSE

Présentez-vous simplement, en ajoutant un petit mot gentil, même banal, qui sera toujours bien reçu pourvu qu'il ne s'écarte pas des limites du bon goût. Exemple : « Bonjour ! Je m'appelle Robin des Bois. Tu la sens ma grosse flèche ? »

JOURNÉE DU DIABÈTE

Conséquence première de la politique castro-sucrière de l'URSS, cinquante millions de citoyens soviétiques souffrent de diabète, et sont envoyés au goulag où ils sont privés de dessert mais pas méchamment, juste pour les guérir.

14
NOVEMBRE

15 NOVEMBRE

JOURNÉE MONDIALE DES ÉCRIVAINS EN PRISON

Quand on s'écarte un peu plus de l'Hexagone, que ce soit vers l'ouest, vers l'est ou vers le sud, on rencontre encore, dans des contrées exotiques pourtant ouvertes au progrès, à trois pas de la piscine du Hilton, ou dans les steppes démocratiques les plus populaires, des empêcheurs de penser en rond qui cognent et qui charcutent, qui enferment et qui massacrent, qui souillent et qui avilissent, et même – ah, les cons ! – qui arrachent les ailes des poètes au nom de l'avenir de l'homme.

Journée internationale de la tolérance

Que la vie serait belle si tout le monde doutait de tout, si personne n'était sûr de rien. On pourrait supprimer du dictionnaire les trois quarts des mots en « iste », fasciste et communiste, monarchiste et gauchiste, khomeyniste et papiste.

16

NOVEMBRE

17 NOVEMBRE

JOURNÉE MONDIALE DE LA PRÉMATURITÉ

Né un peu prématurément dans une usine de Wouhan, en Chine populaire, le poupon d'une ouvrière a reçu le prénom charmant de

« Fleur-éclose-sur-un-coin-d'établi-grâce-aux-efforts-du-camarade-contremaître ».

JOURNÉE D'INFORMATION SUR LES ANTIBIOTIQUES

Je hais les médecins. Les médecins sont debout, les malades sont couchés. Les médecins debout, du haut de leur superbe, paradent tous les jours dans tous les mouroirs à pauvres de l'Assistance publique poursuivis par le zèle gluant d'un troupeau de sous-médecins serviles qui leur collent au stéthoscope comme un troupeau de mouches à merde sur une bouse diplômée, et les médecins debout paradent au pied des lits des pauvres qui sont couchés et qui vont mourir, et le médecin leur jette à la gueule sans les voir des mots gréco-latins que les pauvres couchés ne comprennent jamais, et les pauvres couchés n'osent pas demander pour ne pas déranger le médecin debout qui pue la science et qui cache sa propre peur de la mort en distribuant sans sourciller ses sentences définitives et ses antibiotiques approximatifs, comme un pape au balcon dispersant la parole et le sirop de Dieu sur le monde à ses pieds.

18
NOVEMBRE

19
NOVEMBRE

JOURNÉE INTERNATIONALE DE L'HOMME

Long et souple, le geste nonchalant, d'une élégance naturelle insultante aux trapus, certains hommes irradient de grâce et de virilité avec cette indolence raffinée non voulue que le parvenu hait chez l'aristocrate au point de prendre la Bastille.

JOURNÉE INTERNATIONALE DES DROITS DE L'ENFANT

Depuis que le port de l'étoile jaune est tombé en désuétude, il n'est pas évident de distinguer un enfant juif d'un enfant antisémite.

20
NOVEMBRE

21 NOVEMBRE

JOURNÉE MONDIALE DES PÊCHEURS ARTISANS ET DES TRAVAILLEURS DE LA MER

Une chaleureuse fraternité ne se rencontre plus qu'autour des boîtes de corned-beef que les vieux loups de mer ouvrent avec les dents en passant le cap Horn en sens interdit.

1963
ASSASSINAT DE JOHN FITZGERALD KENNEDY

Zeugma, n. m. (mot grec signifiant *réunion*).
Procédé tordu qui consiste à rattacher grammaticalement
deux ou plusieurs noms à un adjectif ou à un verbe qui,
logiquement, ne se rapporte qu'à l'un des noms.
Suis-je clair ? Non ? Bon.
Exemple de zeugma : « Prenant son courage à deux mains
et sa Winchester dans l'autre, John Kennedy se tira
une balle dans la bouche »
(Richard Nixon, *J'ai tout vu, j'y étais*).

22

23 NOVEMBRE

1996
André Malraux entre au Panthéon

Un ministre de la Culture,
à la limite, ça peut gérer un budget,
mais ça ne doit pas se mêler de
l'artistique ou alors il faut un artiste,
mais un artiste qui peut être ministre
ne peut pas être un bon artiste.

UNE CERTAINE PRESSE

Des épistoliers vautours s'abattent, flanqués de noirs chacals tapis derrière leur zoom fouille-merde. Ils viennent traquer les sanglots, souiller les chagrins, pulvériser les douleurs intimes, étaler les souffrances des uns, les intestins sanglants des autres, et putasser la mort pour vendre du papier.

24
NOVEMBRE

25
NOVEMBRE

JOURNÉE INTERNATIONALE POUR L'ÉLIMINATION DE LA VIOLENCE À L'ÉGARD DES FEMMES

De sa naissance à sa mort, l'homme est en permanence confronté à des choix. Quand je dis « l'Homme », je dis l'Homme en tant qu'espèce. Encore que la femme soit moins souvent confrontée à ces choix, dans la mesure où elle a intérêt à s'écraser en restant obscure passive et réservée, selon la formule chère aux vrais Hommes, c'est-à-dire ceux qui prennent leur petite bistouquette à la fois pour un bâton de maréchal et pour un diplôme de chef de rayon aux galeries de la femme battue.

JOURNÉE DES ENFANTS DES RUES

Il y a des pauvres à Rio qui ne
regardent pas le coucher du soleil.
Ils ne lèvent même pas le regard
vers le ciel. Forcément : leur bonheur,
ils le cherchent tête basse,
au fond des poubelles.

26
NOVEMBRE

27
NOVEMBRE

1903
George C. Beidler invente la machine à photocopier

J'ai réagi violemment un jour, avec l'appui de mon éditeur,
en faisant retirer de la vente un catalogue de boutades
compilées (du latin *compilare*, « piller ») par un inemployé
aux écritures qui, le pauvre homme, ne possédait même
pas le photocopieur qui lui eût permis de m'annoncer
à temps le pillage auquel il allait se livrer dans les livres
des autres, ce dont je n'eusse cure,
et dans les miens, ce qui m'outra.

1936
Naissance de Philippe Sollers

Il se passe rarement un siècle sans
que le sud-ouest de la France
connaisse de grandes catastrophes
naturelles. En 1850, toutes les archives
de la ville de La Rochelle
ont été dévorées par les termites.
Quatre-vingts ans plus tard,
le 28 novembre 1936 précisément,
Philippe Sollers naissait à Bordeaux.

28
NOVEMBRE

29 NOVEMBRE

1932
NAISSANCE DE JACQUES CHIRAC

Je suis le contraire d'un artiste engagé. Je suis un artiste dégagé. Je ne peux pas être engagé. À part la droite, il n'y a rien au monde que je méprise autant que la gauche. Et d'abord quelle gauche ? La gauche gluante d'humanisme sirupeux des eunuques à la rose ? Quelle droite ? La droite des fumiers où la rose est éclose ?

1970
MORT DE LA COUTURIÈRE NINA RICCI

Je t'en prie, ma femme, ma sœur,
mon amour, mets ton jean,
ou reste nue, mais ne marche pas
dans la mode, ça porte malheur.

30
NOVEMBRE

DÉCEMBRE

Chez le chrétien moyen,
les festivités de Noël s'étalent
du 24 décembre au soir au
25 décembre au crépuscule.
Ces festivités sont : le dîner,
la messe de minuit (facultative),
le réveillon, le vomi du réveillon,
la remise des cadeaux,
le déjeuner de Noël, le vomi
du déjeuner de Noël et la bise
à la tante qui pique.

01

DÉCEMBRE

JOURNÉE MONDIALE
DE LA LUTTE CONTRE LE SIDA

Le bruit court que j'ai le sida... Ça m'est revenu de la
bouche d'un pédé – le bruit, pas le sida – qui le tenait d'un
autre pédé – le sida, pas le bruit. Ce garçon – le pédé de la
bouche duquel m'est revenu le bruit – m'a dit que l'autre
garçon – le pédé qui avait refilé le sida au pédé par lequel
m'est revenu le bruit – lui avait dit que Rika Zaraï –
qui est actuellement avec Le Pen – ne le répétez pas –
racontait partout que j'avais le sida. C'est dégueulasse,
Dieu m'embrasse si possible pas sur la bouche.
On ne sait jamais.

1814
MORT DU MARQUIS DE SADE

L'usage du vouvoiement peut pimenter les rapports érotiques. Il insuffle au langage amoureux ce que le porte-jarretelles apporte à son décor : un doux frisson d'interdit.

02
DÉCEMBRE

03
DÉCEMBRE

JOURNÉE INTERNATIONALE DES PERSONNES HANDICAPÉES

Au royaume des culs-de-jatte, les enculés sont les rois.

1642
MORT DE RICHELIEU

« Madame, si ma robe était de bronze, vous entendriez sonner le tocsin. »

Richelieu

04
DÉCEMBRE

05
DÉCEMBRE

JOURNÉE MONDIALE DU BÉNÉVOLAT

Il y a des jeunes gens
incroyables et bénévoles qui se
shootent à l'espoir vrai quand
d'autres se fixent à l'héroïne.

Saint-Nicolas

Je ne suis pas raciste, mais il faut bien voir les choses en face : les enfants ne sont pas des gens comme nous. Attention. Il n'y a dans mon propos aucun mépris pour les petits enfants. Seulement, bon, il faut voir les choses en face : ils ont leurs us et coutumes bien à eux. Ils ne s'habillent pas comme nous. Ils n'ont pas les mêmes échelles de valeurs. Ils n'aiment pas tellement le travail. Ils rient entre eux pour un oui pour un non.

06
DÉCEMBRE

07
DÉCEMBRE

JOURNÉE MONDIALE DE L'AVIATION CIVILE

Un avion tombe dans l'eau, qu'est-ce qui reste ? Deux steaks tartares pour les dents de la mer...

JOUR DE L'IMMACULÉE CONCEPTION

Bernard Palissy mourut à la Bastille en 1589,
dans d'atroces souffrances morales. Il avait été enfermé
à cause de sa foi huguenote qui le faisait douter du dogme
de l'Immaculée Conception, se gausser du culte des saints,
et boycotter crânement les processions du 15 août.
À une époque où le protestantisme était aussi violemment
combattu que la peste noire ou le judaïsme, c'était de la
provocation. Avant de rendre l'âme, Bernard Palissy,
avec un lyrisme et une richesse de style surprenants
un antipapiste, décrivit brillamment sa propre agonie
dans un petit livre intitulé *Palissy : la sortie*.

08
DÉCEMBRE

09
DÉCEMBRE

JOURNÉE MONDIALE DES NATIONS UNIES CONTRE LA CORRUPTION

L'ancien policier William Phillips, qui avait récemment dénoncé la corruption de certains de ses collègues, vient d'être condamné à vingt-cinq ans de prison pour meurtre. Ça lui apprendra à cafter.

JOURNÉE INTERNATIONALE POUR LES DROITS DES ANIMAUX

JOURNÉE MONDIALE DES DROITS DE L'HOMME

Tous, tous nous sommes fauchés un jour par le croche-pied rigolard de la mort imbécile, tandis que les droits de l'homme s'effacent devant les droits de l'asticot.

10
DÉCEMBRE

11
DÉCEMBRE

1946
CRÉATION DE L'UNICEF PAR LES NATIONS UNIES

C'est scientifiquement que nous
sauverons ces enfants, car il le faut,
c'est un devoir sacré, il faut que ces
enfants vivent ! Il nous faut leur ouvrir
nos bras et nos cœurs, il nous faut
les accueillir maintenant, vite,
et n'importe où – mais pas chez moi,
y a pas la place à cause
du piano à queue.

1848
Le décret du 12 décembre 1848 prévoit que le président élu au suffrage universel sera « logé aux frais de la République » (art. 62)

Le savoir-vivre est la somme des interdits qui jalonnent la vie d'un être civilisé, c'est-à-dire coincé entre les règles du savoir-naître et celles du savoir-mourir.

12
DÉCEMBRE

13
DÉCEMBRE

1553
NAISSANCE D'HENRI IV

« Une fois n'est pas coutume »,
comme l'a si bien dit Henri IV
le jour où il sauta sa femme
Louise de Lorraine.

1990
LES NATIONS UNIES VOTENT UNE RÉSOLUTION QUI LÉGITIME LE « DROIT D'INGÉRENCE HUMANITAIRE »

D'après les chiffres de l'Unicef, l'équivalent en riz complet de l'ensemble foie gras-pâté en croûte-bûche au beurre englouti par chaque chrétien au cours du réveillon permettrait de sauver de la faim pendant un an un enfant du Tiers-Monde sur le point de crever le ventre caverneux, le squelette à fleur de peau, et le regard innommable de ses yeux brûlants levé vers rien sans que Dieu s'en émeuve, occupé qu'il est à compter les siens éructant dans la graisse de Noël et flatulant dans la soie floue de leurs caleçons communs, sans que leur cœur jamais ne s'ouvre que pour roter.

14
DÉCEMBRE

15
DÉCEMBRE

1917
Mort de Zamenhof
Journée universelle de l'espéranto

Zamenhof (Lejzer Ludwik), médecin et linguiste polonais, né à Bialystok (1859-1917). On lui doit l'invention de l'espéranto. Aujourd'hui, Zamenhof repose à l'ombre d'un grand cyprès dans le cimetière juif de Varsovie. Pourquoi au cimetière juif, alors que, de notoriété publique, il était plus catholique qu'un essaim d'intégristes ? Parce que Zamenhof, jusqu'au bout fidèle à son idéal, avait exigé que l'adresse de sa dernière demeure figurât en espéranto sur le couvercle de son cercueil. Pour un croque-mort polonais, hélas, l'espéranto, c'est de l'hébreu.

1770
NAISSANCE DE LUDWIG VAN BEETHOVEN
(OU LE 17 DÉCEMBRE, C'EST PAS SÛR)

« Comment ? »

Beethoven

16
DÉCEMBRE

17
DÉCEMBRE

**1909
MORT DE LÉOPOLD II,
ROI DES BELGES**

J'ai appris tout petit à comprendre
la mouvance émotionnelle de cette
errance éclairée de la pensée lyrique
qui nous conduit naturellement
à laisser prévaloir le sentiment sur
la raison et l'imagination fertile
sur la froide analyse. Vous me suivez ?
Sinon, je connais une histoire belge.

JOURNÉE INTERNATIONALE DES MIGRANTS

Les étrangers basanés font rien qu'à nous empêcher de dormir en vidant bruyamment nos poubelles dès l'aube alors que, tous les médecins vous le diront, le Blanc a besoin de sommeil...

18
DÉCEMBRE

19
DÉCEMBRE

RUPTURE

Je viens de rompre avec Dieu.
Je ne l'aime plus.
En amour, on est toujours deux.
Un qui s'emmerde et un qui
est malheureux.
Depuis quelque temps,
Dieu me semblait malheureux.
Alors, j'ai rompu.

JOURNÉE INTERNATIONALE DE LA SOLIDARITÉ HUMAINE

Comment espérer en l'homme ? Peut-on attendre le moindre élan de solidarité fraternelle chez ce bipède égocentrique, gorgé de vinasse, boursouflé de lieux communs, rase-bitume et pousse-à-la-fiente ?
Cette bête à deux pattes, engoncée dans son petit moi sordide au point de n'être pas même capable de respecter son chien, l'hygiène publique et les semelles en cuir véritable de mes escarpins de chez Carvil à neuf cents balles la paire ?

20
DÉCEMBRE

21
DÉCEMBRE

JOURNÉE MONDIALE DE L'ORGASME
SOLSTICE DE DÉCEMBRE

Les jours rallongent.
Il n'y a pas qu'eux, dit l'obsédé
de la rue Tartarin.

SURVIENT L'HIVER

Les nouveaux cons tuent la dinde.
Les nouvelles dindes se zibelinent.
Les nouveaux pauvres ont faim.
Les charitables épisodiques, entre deux
bâfrées de confit d'oie, vont pouvoir
épancher leurs élans diabétiques.

22
DÉCEMBRE

23
DÉCEMBRE

TRADITION

La tradition du Père Noël
remonte par la cheminée.

1865
Création du Ku Klux Klan

Quelle est l'origine du mot « Ku Klux Klan » ?
Je sens bien que la question est sur toutes les lèvres.
Selon les distingués érudits anglo-hellénistes, « Ku Klux »
viendrait du grec *kuklos*, « cercle », et klan, d'un patois
saxon qui signifie « famille ». Le Ku Klux Klan, en somme,
désignerait le cercle de famille : le papy, la mamie,
les ti enfants, le chienchien, le ti minou, avec autour
des barbelés et des miradors à nègres. Bizarre.

24
DÉCEMBRE

25
DÉCEMBRE

NOËL

Noël célèbre la naissance de Jésus-Christ, fils de Dieu, venu sur terre pour effacer les péchés du monde, mais il avait oublié sa gomme.

Vieux dicton

Noël au scanner,
Pâques au cimetière.

26
DÉCEMBRE

27
DÉCEMBRE

1822

NAISSANCE DE PASTEUR

Gloire à Pasteur,
qui combat les enragés.

1937

MORT DE MAURICE RAVEL

Gloire à Maurice Ravel,
qui enfanta d'un seul coup
du boléro sans manches et de
l'adagio d'Albicoco.

28
DÉCEMBRE

29

DÉCEMBRE

PUDEUR

Exigeons une bonne fois pour toutes qu'on habille le petit Jésus dans les crèches : toute cette nudité, ça fait triquer les pédophiles.

Il n'y a pas que les nouveaux pauvres

Il y a les nouveaux riches. Pour venir en aide à mes amis nouveaux riches qui crèvent dans leur cholestérol, j'ai décidé d'ouvrir les restaurants du foie. Envoyez-moi des tonnes de verveine et des quintaux de biscottes sans sel, le bon Dieu vous les rendra...

30 DÉCEMBRE

31

DÉCEMBRE

L'ANNÉE 1987 COMPTERA UNE SECONDE DE PLUS AFIN DE COMPENSER UN RALENTISSEMENT DE LA ROTATION DE LA TERRE

Ô arrêter le temps ! Repousser à jamais l'heure inéluctable du tombeau ! Mais non, hélas, la Camarde ricane et nous guette sans hâte, tandis que sournoisement d'heure en heure nous ne cessons de nous flétrir, de nous racornir, de nous friper, de nous tasser lentement mais sûrement jusqu'au stade ultime où les microbes infâmes nous jailliront des entrailles pour nous liquéfier les chairs et nous réduire à l'état d'engrais naturel.
Qu'es-tu devenue, toi que j'aimais, qui fus pimpante et pétillante, bouche de fraise et nez coquin, qu'est-ce que tu fous sous ton cyprès ? Qu'es-tu devenue ? Oh je sais.
Tu es devenue : azote 12 %, acide phosphorique 17 %, sels de phosphate 31 %, âme zéro.
Arrêter le temps.

– Faut-il réévaluer la spéculation astro-mythologique de Freud dans son approche structuraliste de la psychosomatique fliessienne ?…
– Ah, ça dépend.

DU MÊME AUTEUR

Le Petit Reporter
Julliard, 1976
Seuil, 1999
et « Points », n° P836

**Manuel de savoir-vivre
à l'usage des rustres
et des malpolis**
Seuil, 1981
et « Points », n° P401

**Les Grandes Gueules
par deux**
(en collaboration avec
Patrice Ricord,
Jean-Claude
Morchoisne et Jean
Malaurie)
L'Atelier, 1981

**Vivons heureux en
attendant la mort**
Seuil, 1983, 1991, 1994
et « Points », n° P384

**Dictionnaire superflu
à l'usage de l'élite et
des bien nantis**
Seuil, 1985
et « Points », n° P403

Des femmes qui tombent
roman, Seuil, 1985
et « Points », n° P479

Textes de scène
Seuil, 1988
et « Points », n° P433

L'Almanach
Rivages, 1988
et « Points », n° 2013

Fonds de tiroir
Seuil, 1990
et « Points », n° P1891

Les étrangers sont nuls
Seuil, 1992
et « Points », n° P487

**La Minute nécessaire
de Monsieur Cyclopède**
Seuil, 1995

**Les Bons Conseils du
professeur Corbiniou**
Seuil/Nemo, 1997

**La seule certitude
que j'ai, c'est d'être
dans le doute**
Seuil, 1998
et « Points », n° P884

**Les Réquisitoires
du Tribunal des flagrants
délires, vol. 2**
Seuil, 2003,
« Points », n° P1275
et Points Deux

**Chroniques de la haine
ordinaire, vol. 2**
Seuil, 2004,
et « Points », n° P1684

Encore des nouilles
(illustrations de Cabu,
Catherine, Charb et al.)
Les Échappés (Paris), 2014

Tout Desproges
Seuil, 2008
(intégrale)

AUDIOVISUEL

Vidéo

Desproges est vivant
Une anthologie et
34 saluts à l'artiste
Points, n° P1892, 2008

**Desproges
en petits morceaux**
Les meilleures citations
Points, n° P2250, 2009

**Pierre Desproges
« Intégrale »**
(coffret 5 DVD et 1 CD)
Studio Canal, 2010

**Pierre Desproges
« Tout seul en scène »**
2 DVD
Théâtre Fontaine 1984
Théâtre Grévin 1986
Bonus : Intégrale de
l'entretien avec Y. Riou
et Ph. Pouchain,
Points, n° P2357, 2010

**Les Réquisitoires
du Tribunal des flagrants
délires, vol. 1 à 6**

**Chroniques de la haine
ordinaire, vol. 1 à 3**

**« En scène », au
Théâtre Fontaine**

« En scène », au

Audio

Disponibles uniquement
en digital

**Les Bons
Conseils du professeur
Corbiniou**
Studio Canal, 2010

**Je ne suis pas
n'importe qui**
Deux documentaires de
Yves Riou et Philippe
Pouchain : « Je ne suis pas
n'importe qui » et
« Desproges est vivant »
1 DVD, 1 CD bonus :
Chansons inédites
Studio Canal, 2010

**L'Indispensable
Encyclopédie de
Monsieur Cyclopède**
2 DVD dont bonus :
Français, Françaises,
Belges, Belges
Public chéri mon amour
(dessins de Alteau,
Sergio Aquindo, Cabu
et al.)
Jungle (Bruxelles), 2011

**Les Réquisitoires du
Tribunal des flagrants
délires, vol. 2**
(textes choisis et présentés
par Christian Gonon,
sociétaire de la
Comédie-Française)
Points, n° P2357, 2010

www.desproges.fr

www.facebook.com/pierredesprogesofficiel

Twitter : @Courrouxcoucou

Dépot légal : novembre 2015. N° 128257
Direction artistique et réalisation : Virginie Perrollaz
Impression : GRAPHICOM